Richard Stumm

Worms für Kinder

WORMS
VERLAG

RICHARD STUMM stammt aus Worms. Er begleitete seinen Vater, den Wormser Künstler Richard Stumm sen., als Kind bei seinen zahlreichen Zeichentouren durch die Stadt. Zunächst Diplomvolkswirt, studierte er später Bildende Kunst an der Philipps-Universität in Marburg. Seit 2003 arbeitet er als freier Künstler und Grafiker, mit zahlreichen Ausstellungen u. a. in Marburg, Brüssel und Berlin. Er ist verheiratet. Sein Sohn ist der Berliner Künstler Moritz Stumm.

Richard Stumm
WORMS FÜR KINDER

Mit Illustrationen des Autors

Weitere Illustrationen von Moritz Stumm (S. 30f.),
Richard Stumm sen. (S. 67) und
Fine Pittlik (Ausmalbild hintere Umschlaginnenseite)

1. Auflage November 2023

Herausgegeben im
Worms-Verlag
Kultur und Veranstaltungs GmbH Worms
Von-Steuben-Straße 5
67549 Worms

ISBN 978-3-947884-97-1

Satz und Produktion
Schäfer & Bonk, Worms

Bildung ist eine unserer wichtigsten Ressourcen. Wir müssen es schaffen, dass schon Kinder sich für Bildung begeistern. Daher fand ich die Idee und Ausgestaltung dieses Buches so interessant. Mit den wunderbaren Zeichnungen des Künstlers Richard Stumm und seinen leicht verständlichen Beschreibungen ist es gelungen, die Sagen der Nibelungenstadt und die vielseitige Geschichte der ältesten Stadt Deutschlands «kindgerecht» darzustellen.

Ich hoffe, das Buch findet bei vielen Kindern und Eltern und Lehrern in Worms regen Anklang und wird dazu beitragen, dass die Kinder spielerisch viel über unsere Stadt erfahren.

Ralf J. Lottermann

SO FINDET IHR EUCH IN DIESEM BUCH ZURECHT

«Worms für Kinder» ist ein Mitmach-Stadtführer. Du kannst dieses Buch in der vorgegebenen Reihenfolge lesen und nutzen. Du kannst aber auch mit der Besichtigung des Doms oder einer der Touren beginnen und die Stadtgeschichte dann später nachlesen.

Bei Deinen Erkundungen werden kleine Aufgaben gestellt. Am besten nimmst Du einen Stift mit, sehr gut wäre auch Fernglas (vielleicht kannst Du Dir eines ausleihen).

FOLGENDE ZEICHEN zeigen Dir, was Du machen sollst:

Hier kannst Du Antworten eintragen oder etwas zeichnen. Vielleicht willst Du das aber auch lieber mit mehr Zeit zu Hause machen.

Hier sollst Du genau hinschauen oder etwas suchen.

In etwas kleinerer, blauer Schrift gibt es zusätzliche Erklärungen.

Nicht nur Kinder, sondern auch Erwachsene finden in dem Buch vielfältiges Hintergrundwissen über die Geschichte und die Sehenswürdigkeiten von Worms. Wenn eine Figur oder ein Bauwerk blau unterschlängelt ist, findest Du auf den letzten Buchseiten, wie der Künstler bzw. die Künstlerin heißt.

So, und jetzt viel Spaß beim Entdecken der schönen Stadt Worms!

DANKSAGUNG

Ohne die großzügigen Spenden von Ralf Lottermann, dem Dombauverein und der Vereinigten Kasino- und Musikgesellschaft Worms sowie der Rheinhessen Sparkasse wäre dieses Buch nicht zustande gekommen.

Mein besonderer Dank für Anregungen und Korrekturen gilt Ulrike Schäfer, Prof. Dr. Bärbel Schön, Elisabeth und Harald Unselt, Dr. Olaf Mückain sowie Mitarbeitern der Stadt Worms.

INHALT

KURZE GESCHICHTE VON WORMS

Bereits vor 7000 Jahren bauten Menschen dort, wo heute Worms ist, erste Behausungen am Rhein. Es gab dort nämlich Anhöhen, die vor Überschwemmungen sicher waren und « Furten », flache Stellen, an denen man den Rhein überqueren konnte. Dadurch entstanden im Laufe der Zeit Handelswege, auf denen begehrte Güter transportiert werden konnten. So wurde Worms für viele Jahrhunderte reich und bedeutend.

In der Gegend von Worms siedelten die Kelten. Ab 9 vor Christus kamen römische Truppen bis Worms und errichteten hier ein befestigtes Militärlager, ein Kastell für Hilfstruppen. Die sollten den **LIMES** sichern, der als Schutzwall gegen Angriffe germanischer Stämme auf der rechten Seite des Rheins errichtet worden war.

Ab 80 nach Chr. wurde der Volksstamm der Vangionen im Gebiet von Worms, das Borbetomagus hieß, angesiedelt. Es entstand eine Stadt nach römischem Vorbild: mit einem zentralen Platz, dem Forum, auf dem Tempel und Versammlungsräume standen und eine Marktbasilika. Die **RÖMER** brachten viele Neuerungen mit, von denen Menschen in Worms profitierten: Wasserleitungen, Bäder und bessere Straßen. Die Römer waren nämlich hervorragende Ingenieure. Bei Ausgrabungen hat man auch Reste von Töpfereien gefunden, in denen wohl die «Wormser Gesichtskrüge» gefertigt wurden. Viele römische Funde kannst Du im Wormser Stadtmuseum sehen.

In den folgenden Jahrhunderten eroberten Vandalen, Hunnen, Alemannen und schließlich die Franken Worms.

Der Frankenkönig und spätere Kaiser **KARL DER GROẞE** schätzte Worms sehr. In den ersten zwanzig Jahren seiner Herrschaft regierte er überwiegend von Worms aus. Zweimal heiratete er hier, 770 die Tochter des Langobardenkönigs Desiderata und 783 die 18-jährige Fastrada. Erst als die «Pfalz», also der Palast Karls des Großen in Worms 790 abbrannte, zog er nach Aachen um.

REGIEREN IM MITTELALTER

Worms war über mehrere hundert Jahre eine der wichtigsten Städte in Deutschland. Viele deutsche Kaiser hielten sich für längere Zeit in Worms auf und regierten dann von hier aus.

Heute ist unsere Bundesregierung in Berlin. Wenn der Bundeskanzler z. B. mit einem Ministerpräsidenten sprechen will, kann er ihn mit einem Handy anrufen. Mit dem Flieger, dem Zug oder dem Auto kann er innerhalb weniger Stunden an jedem Ort in Deutschland sein.

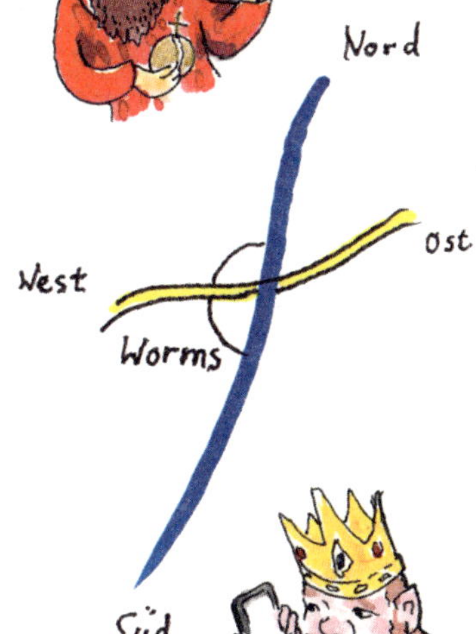

Wenn der Herrscher im Mittelalter eine Nachricht übermitteln wollte, musste er reitende Boten schicken. Er hatte an verschiedenen Orten des Reichs Paläste, die sogenannten Kaiserpfalzen. Er reiste mit seinem Hofstaat immer von einer zur anderen. Bei wichtigen Entscheidungen trafen sich die Fürsten dort zu einem **REICHSTAG**. Worms hatte den Vorteil, dass es in der Mitte des Reiches verkehrsgünstig lag. Außerdem gab es neben dem Dom sehr prächtige Gebäude für die Versammlungen, aber auch für die Feste, die dann stattfanden.

Aber auch die Herrschaft des Kaisers war nicht uneingeschränkt. Es gab Kriege mit anderen Völkern. Und nicht selten stritt er sich mit dem Papst oder mächtigen Fürsten um Macht und Reichtum.

LEBEN IM MITTELALTER

Das Leben der Menschen war davon bestimmt, welcher Personengruppe sie angehörten.

Der erste Stand war der Klerus. Das waren die Geistlichen, also Bischöfe, Priester und Mönche. Sie hielten die Gottesdienste in lateinischer Sprache ab. Und weil die meisten Menschen weder lesen noch schreiben konnten, waren sie auf Priester angewiesen. Die sagten ihnen, was gut und böse war und wie sie sich verhalten sollten.

Der zweite Stand war der Adel (Kaiser, König, Fürsten, Grafen). Er hatte ursprünglich die Aufgabe im Kriegsfall Land und Volk zu verteidigen. Die Mitglieder des ersten und des zweiten Standes hatten viele Privilegien. Der Adel hatte weitgehend die Herrschaft im Land.

Der dritte Stand setzte sich aus Bauern und einfachen Bürgern zusammen. Sie sorgten für die Lebensmittel und alle Güter im Land. Ihre Arbeit sicherte auch den Lebensunterhalt und den Luxus des ersten und des zweiten Standes. Unter den Stadtbürgern gab es nur wenige wohlhabende Bürger, die Patrizier, oft Kaufleute oder erfolgreiche Handwerker. Die meisten Menschen waren aber arm. Ihre Arbeit war mühsam. Sie arbeiteten zwölf Stunden am Tag, und Kinder mussten mitarbeiten. Oft litten sie an Hunger und Krankheiten. Sie wohnten in engen Gassen in Häusern aus Holz und Fachwerk, die leicht brannten. Da es kein fließend Wasser und keine Kanalisation gab, kam es nicht selten zu Seuchen.

Die Frauen hatten in dieser Zeit nichts zu sagen. Dabei arbeiteten sie in den Werkstätten mit und waren für die Kinder und in der Haushaltsführung wichtig. Frauen waren dem jeweiligen Ehemann unterstellt und hatten keinen eigenen Besitz. Mädchen wurden nicht selten mit vierzehn Jahren verheiratet. Erst seit Beginn des vorigen Jahrhunderts dürfen auch Frauen Abitur machen, studieren und seit 1919 auch an demokratischen Wahlen teilnehmen.

Bei der Besichtigung der Stadt wirst Du darum fast nur auf Männer als «Macher» treffen. Kaiser, Könige und Bischöfe ließen die Kirchen und andere wichtige Gebäude bauen.

Ab 950 ließ sich das Fürstengeschlecht der **SALIER**, aus dem später mehrere Kaiser stammten, in Worms nieder.

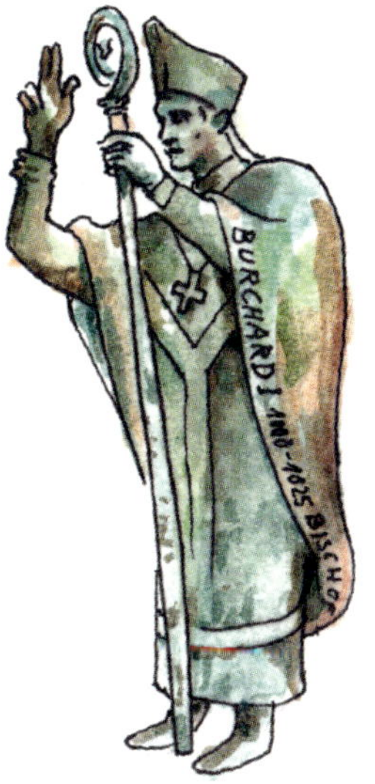

BURCHARD, der 1000 Bischof und Oberhaupt der Stadt wurde, vertrieb erst einmal die Salier aus Worms. Den Saliersohn **KONRAD**, der später Kaiser wurde, unterrichtete er allerdings selbst. Burchard begründete zahlreiche Bauvorhaben in Worms Er ließ einen neuen Dom, die Pauluskirche, St. Andreas und die Martinskirche bauen und eine neue Stadtmauer um Worms errichten.

Spätestens ab dem 11. Jahrhundert wohnten auch **JUDEN** in Worms. Ihre Gemeinde **«WARMAISA»** war bei anderen jüdischen Gemeinden weltberühmt. Über längere Zeiträume lebten Christen und Juden friedlich nebeneinander. Immer wieder aber kam es auch zu Ausschreitungen und Pogromen gegen Wormser Juden.

Unter einem Pogrom versteht man gewalttätige Aktionen, Übergriffe und Ausschreitungen gegen Minderheiten.

Im 11. Jahrhundert stritt sich Kaiser **HEINRICH IV.** heftig mit dem Papst. Er wollte die Bischöfe und Äbte im Reich selbst einsetzen. Das nannte man den **INVESTITURSTREIT**.

Auch mit den Fürsten des Reichs stritt sich Heinrich IV. Schließlich retteten ihn die Wormser Bürger. Sie gewährten ihm Schutz in ihren Mauern und griffen zu den Waffen. Aus Dankbarkeit verlieh ihnen Heinrich IV. Zollvorteile in seinen Reichsstädten. Die Wormser Händler mussten dann dort kein Geld mehr bezahlen, wenn sie Waren kaufen oder verkaufen wollten. Das trug viel zu dem wachsenden Wohlstand und Glanz von Worms bei.

Der Streit zwischen Kaiser und Papst wurde erst 1122 auf einem Reichstag in Worms in einem Vertrag, dem «Wormser Konkordat», beendet. Der Papst durfte bestimmen, wer Bischof wird. Die Bischöfe mussten aber dem Kaiser den Lehenseid leisten, d.h. sie mussten ihm Gehorsam versprechen.

Am schönsten wurde die Stadt unter Kaiser Friedrich I. aus der Familie der Staufer, auch **FRIEDRICH BARBAROSSA** oder Rotbart genannt. Er war besonders oft in Worms.

Die Pracht von Worms hat sicher dazu beigetragen, dass der **DICHTER DES NIBELUNGENLIEDES** den Schauplatz seiner Sage nach Worms verlegte.

Während Kirchen, Paläste und die Häuser der reichen Bürger, der Patrizier, aus Stein waren, wurden die meisten anderen Häuser aus Holz oder Fachwerk gebaut. Und so brach immer wieder Feuer aus in den schnell gewachsenen, engen Gassen. Manchmal brannten einzelne Viertel, 1242 brannten jedoch die Hälfte der Stadt und zahlreiche Kirchen nieder.

Immer wieder bauten die Wormser ihre Stadt auf, und immer noch prächtiger als zuvor.

Neben dem sichtbaren Reichtum gab es aber auch viel Armut und Not. Bettelmönche und Franziskaner kamen in die Stadt, um die armen Menschen zu unterstützen. 1226 errichteten die Dominikaner ihr Kloster bei der Pauluskirche. 1287 beteiligten sich 400 Wormser am **KREUZZUG**, von dem nur wenige nach Hause zurückkehrten.

Papst Urban II. forderte alle Ritter Westeuropas auf, Jerusalem von den Muslimen zu befreien. Tausende folgten seinem Aufruf. Teils aus religiöser Überzeugung. Viele aber auch nur wegen der Aussicht auf Beute. Es gab insgesamt sieben Kreuzzüge mit sehr vielen Toten. Sogar einen Kinderkreuzzug gab es 1212. Aber auch der erreichte Jerusalem nicht. Viele Teilnehmer wurden gefangen genommen und als Sklaven verkauft.

Es gab nämlich damals viele religiöse Eiferer, die der Meinung waren, dass die Stadt Jerusalem von den Muslimen befreit werden müsste. Sie schreckten auch vor grausamen Kriegen nicht zurück.

1349 wütete die Pest in Worms. Jeder dritte Bürger starb an der Pest. Und, wie häufig, suchen Menschen in Krisen gerne einen Schuldigen. So kam es wieder zu bösen Ausschreitungen gegen die Wormser Juden.

Im 14. Jahrhundert nahmen die Konflikte zwischen dem Bischof und dem Stadtrat zu. Die Bürger wollten ihre Gesetze selbst bestimmen. 1388 erkämpften sich die Städte am Rhein gegenüber den Landesfürsten ihre Unabhängigkeit.

1495 verkündete **KAISER MAXIMILIAN** aus der Familie der Habsburger, die mittlerweile an der Macht waren, den **«EWIGEN LANDFRIEDEN»**. Das bedeutete, dass das mittelalterliche **FEHDE-RECHT** verboten wurde. Die dauernden kleinen Privatkriege von Rittern sollten damit beendet werden. Hatte man Streit, so sollte das vor Gericht und nicht im Kampf entschieden werden.

Kaiser Maximilian I., genannt der «letzte Ritter», gewann den Kampf mit Lanze und Schwert gegen einen burgundischen Ritter. Großzügig überließ der Kaiser dem Ritter den Siegespreis.

Auf dem Reichstag fand auf dem Wormser Obermarkt auch ein **TURNIER**, ein Ritterkampf, statt, an dem Maximilian persönlich teilnahm.

1505 erhielt die Stadt Worms von Kaiser Maximilian das **MÜNZRECHT**, d. h., die Münzmeister der Stadt durften jetzt selbst ihr eigenes Geld herstellen. Die erste Prägung war ein Schilling. Der erste Taler wurde 1570 geprägt.

1521 musste sich **MARTIN LUTHER** vor dem jungen **KAISER KARL V.** und den Fürsten des Reiches rechtfertigen. Er hatte 95 Thesen verfasst, in denen er den Papst und die katholische Kirche heftig kritisierte. Aber Luther widerrief nicht, obwohl ihm Gefangenschaft und sogar der Tod drohten. Daraufhin kam es zur Spaltung der Kirche in Katholiken und **PROTESTANTEN**. Worms wurde protestantisch. Der katholische Bischof aber blieb Stadtoberhaupt.

1524 kam es zum **BAUERNKRIEG**. Die armen Bauern kämpften für ihre Rechte. Ihr Aufstand wurde von den Fürsten in Pfeddersheim bei Worms blutig niedergeschlagen.

1618 begann der **«DREIßIGJÄHRIGE KRIEG»**. Worms wurde erst von schwedischen Truppen, dann von französischen Truppen besetzt. Es gab Zerstörungen und Plünderungen.

1659 wollte der Pfalzgraf Worms zu seiner Hauptstadt machen. Worms lehnte aber das Angebot ab, weil es freie Reichsstadt bleiben wollte.

1689 eroberten Truppen des französischen «Sonnenkönigs» Ludwig XIV. Worms. Sie legten Brände und zerstörten die Stadt vollständig. Auch die Münze, das prächtige Rathaus der Stadt, wurde niedergebrannt.

An ihrer Stelle bauten sich die Protestanten nun eine eigene Kirche. Die **DREIFALTIGKEITSKIRCHE** als große evangelische Stadtkirche wurde 1725 eingeweiht.

Während der **FRANZÖSISCHEN REVOLUTION** flohen zunächst französische Adlige nach Worms. Aber dann besetzten Revolutionäre die Stadt. Worms wurde Teil der französischen Republik. Unter dem Kaiser Napoleon wurden die Klöster aufgelöst, viele Kirchen wurden zu Steinbrüchen. Die französischen Truppen nutzten sogar den Dom als Lazarett.

Ab den 1830er-Jahren entwickelte sich Worms zu einer Industriestadt. Die **LEDERWERKE** der Familie **HEYL** und der Familien **DOERR & REINHART** verkauften ihre berühmten Lederwaren in nahezu alle Teile der Welt.

Das bedeutete auch, dass Bahnstrecken, Bahnhöfe und Rheinbrücken gebaut wurden. Von 1906 bis 1956 fuhr in Worms eine elektrische Straßenbahn.

1933-1945 Die **NATIONALSOZIALISTEN** hatten einen furchtbaren Hass auf Juden und andere Menschen, die ihnen nicht passten. Schon bald wurden die ersten Menschen eingesperrt. Man durfte nicht mehr in jüdischen Geschäften einkaufen. Jüdische Kinder durften nicht mehr mit anderen Kindern in eine Schule gehen oder mit ihnen spielen. Die jüdischen Lehrer und

Professoren wurden entlassen. In der **REICHSPOGROMNACHT** am 9./10. November 1938 wurde die Synagoge abgebrannt, Geschäfte und Wohnungen wurden zerstört. Jüdische Menschen wurden in Lager gebracht, wo sie viel arbeiten mussten und wenig zu essen hatten. Anfangs durften einige wieder nach Hause zurückkehren. Später aber wurden fast alle abgeholt und in den sogenannten Konzentrationslagern (KZ) getötet. Nur wenige konnten fliehen.

Nachdem Nazideutschland 1939 den **ZWEITEN WELTKRIEG** begann, wehrten sich die überfallenen Länder mit Hilfe der USA und anderen Staaten. Die deutsche Armee wurde besiegt. Kurz vor Kriegsende, im Februar und März **1945**, warfen englische und amerikanische Soldaten Bomben über Worms ab. Fast die gesamte Stadt wurde zerstört.

Aber die Wormser hatten ja schon viele Kriege mitgemacht und oft erlebt, wie ihre Stadt zerstört wurde. So begannen sie direkt nach dem Krieg zunächst mit der Räumung der Schuttberge und dann mit dem Wiederaufbau.

Sie bauten ein neues Rathaus am Marktplatz (1958), errichteten die Synagoge (1961) wieder. Es gab wieder ein Theater, die Stadtbibliothek, Schulen, eine Hochschule und vieles mehr. Seit 2001 gibt es das Nibelungenmuseum, seit 2002 die jährlichen Nibelungen-Festspiele. Und jedes Jahr werden tolle Feste gefeiert, z. B. das Backfischfest oder Jazz & Joy.

WER WEIß ES NOCH?

1 Warum ließen sich Menschen schon früh in Worms nieder?

2 Wie hieß der fränkische Kaiser, der in Worms zweimal heiratete?

3 Welche Gefahren bedrohten die Wormser Bürger im Mittelalter?

4 Wann war die verheerende Zerstörung von Worms durch französische Soldaten?

5 Welche Industrie führte zum Wiederaufstieg von Worms?

6 Was ist auf dem Wormser Wappen zu sehen?

WORMS AUF EINER ZEITTAFEL

VOR CHRISTI GEBURT

5500 Erste Siedlungen werden gegründet.

AB 800 Kelten siedeln im Bereich von Worms.

9 Eroberung durch die Römer.
Die Römer errichten ein Hilfstruppenkastell.

NACH CHRISTI GEBURT

80 Die keltischen Vangionen werden im Gebiet von Worms angesiedelt. Sie nennen ihre Stadt «Borbetomagus». Es entsteht eine Stadt nach römischem Vorbild.

AB DEM 2. JH. Worms heißt «Civitas Vangionum».
In den folgenden Jahrhunderten erobern Vandalen, Hunnen, Alemannen und schließlich die Franken Worms

451 Attila setzt mit den Hunnen über den Rhein.
Die Herrschaft der Römer nördlich der Alpen endet.

600 Die Merowingerkönigin Brunichild lässt Münzen in Worms prägen.

AB 768 Karl der Große regiert in den ersten 20 Jahren seiner Herrschaft hauptsächlich von Worms aus.

AB 950 Worms wird Sitz des Saliergeschlechtes.

955 Der Stammvater der Salier, Konrad der Rote, kommt in der siegreichen Schlacht gegen die Ungarn ums Leben.

1000-1025 Bischof Burchard verdrängt die Salier aus Worms.

10. JH. Entstehung der jüdischen Gemeinde «Warmaisa».

1034 Errichtung der ersten Steinsynagoge Deutschlands in Worms.

1074 Kaiser Heinrich IV. verleiht Worms Zollprivilegien, weil die Stadt ihm Zuflucht und militärischen Beistand gewährt hat.

1096 Judenpogrome durch christliche Kreuzfahrer. Sie ermordeten mehrere Hundert Juden und Jüdinnen in Worms

11. JH. Der Stadtrat wird selbstbewusster Vertreter der Bürgerschaft.

1122 Wormser Konkordat
Papst und Kaiser haben sich lange heftig gestritten, wer die Bischöfe einsetzen darf (Investiturstreit).
Auf dem Wormser Reichstag einigen sie sich.

1130-1181 Bau des heutigen Domes

1184 Kaiser Barbarossa räumt der Stadt wichtige Freiheitsrechte ein (ab da ist Worms «Reichsstadt»).

UM 1200 Ein unbekannter Dichter macht Worms zum Hauptschauplatz des Nibelungenliedes.

1200, 1233, 1259 Immer wieder kommt es zu schweren Stadtbränden.

UM 1300 Worms wird führendes Mitglied des Rheinischen Städtebundes.

1349 Die Pest wütet in Worms. Jeder dritte Bewohner von Worms stirbt.

1388 Der Städtebund erkämpft sich seine Unabhängigkeit von den Landesfürsten.

1495 Kaiser Maximilian erlässt auf dem Reichstag den «Ewigen Landfrieden» (Fehdeverbot).

1521 Luther muss vor Karl V. und dem Reichstag erscheinen. Er verweigert den Widerruf seiner Thesen. Worms wird evangelisch. Einwohnerzahl: 7.000

1524 Die Bauernkriege. Der Aufstand der armen Bauern wird von den Fürsten bei Worms-Pfeddersheim brutal niedergeschlagen.

1593 Hexenprozesse auch in Worms

1618-1648 Dreißigjähriger Krieg: Schwedische und französische Truppen besetzen und plündern Worms.

1666 Pestepidemie

1689 Der französische «Sonnenkönig» Ludwig XIV. lässt Worms fast völlig zerstören. Es bleiben nur noch 3.000 Einwohner in Worms.

1725 Die Dreifaltigkeitskirche wird eingeweiht.

1794 Truppen Napoleons zerstören Worms.

1797-1814 Worms gehört zu Frankreich.

1816 Worms wird Teil des Großherzogtums Hessen.

AB 1830 Worms wird Industriestadt, hauptsächlich Lederindustrie.

1853 Erste Eisenbahnstrecke von Mainz nach Worms

1868 Bau des Lutherdenkmals

1898 Nachbarorte von Worms werden zu Stadtteilen gemacht (= Eingemeindung). Die Einwohnerzahl von Worms wächst auf 18.000.

1900 Bau der Rheinbrücke

1904 Einweihung des heutigen Bahnhofs

1906-1953 Elektrische Straßenbahnen in Worms

1929 Der Rhein ist zugefroren

1933-1945 Die Nationalsozialisten verfolgen und ermorden jüdische Mitbürger.

1938 Die Synagoge wird in Brand gesteckt.

1945 Nachdem Nazideutschland seine Nachbarländer überfallen und den Zweiten Weltkrieg verursacht hat, zerstören amerikanische und britische Bomber Worms.

AB 1946 Wiederaufbau von Worms

1958 Bau des neuen Rathauses

1961 Einweihung der wiederaufgebauten Synagoge, Gründung einer Fachhochschule

2002 Begründung der jährlichen Nibelungen-Festspiele

2015 Neubau des Wormser Theaters

2019 Einwohnerzahl: 83.330

DAS NIBELUNGENLIED

In Worms spielt die berühmte Geschichte vom **NIBELUNGENLIED**, die vor rund achthundert Jahren von einem unbekannten Dichter aufgeschrieben wurde. Worms nennt sich deshalb auch **NIBELUNGENSTADT**. In der ganzen Stadt werden Dir Gestalten aus der Sage begegnen.

Das Nibelungenlied handelt vom erbitterten Streit zwischen mächtigen Männern und ihren Frauen:

Der Königssohn **SIEGFRIED** kämpft mit einem bösen Drachen und tötet ihn. Danach badet er im Drachenblut. Nun ist er unverwundbar bis auf eine Stelle am Rücken, auf die ein Lindenblatt gefallen ist. Nachdem er das Schwert Balmung, die Tarnkappe und den Nibelungenschatz erobert hat, reitet er an den Burgunderhof in Worms. Dort will er die schöne **KRIEMHILD** heiraten. König **GUNTHER** verspricht ihm seine Schwester, wenn Siegfried ihm hilft, Königin **BRÜNHILD** zu gewinnen, die magische Kräfte hat. Sie hat geschworen, dass sie nur den zum Ehemann nimmt, der sie besiegt. Im Schutz seiner Tarnkappe, die ihn unsichtbar macht, kämpft Siegfried an Gunthers Seite und besiegt sie. Brünhild ist getäuscht und denkt, König Gunther habe sie besiegt. So kommt es zur Doppelhochzeit. Siegfried heiratet Kriemhild, Gunther Brünhild. In der Hochzeitsnacht hängt Brünhild König Gunther an die Decke, weil sie den Betrug ahnt. Erst in der folgenden Nacht kann Siegfried sie wieder mit Hilfe der Tarnkappe bezwingen. Er nimmt ihr den Gürtel und den Ring weg.

Jahre später besuchen Siegfried und Kriemhild wieder Worms. Beim Gang in den Dom geraten Kriemhild und Brünhild in Streit, welcher ihrer Männer den höheren Rang hat. Als Kriemhild den Gürtel vorzeigt, den Siegfried geraubt hat, ist Brünhild zutiefst gekränkt. Sie wendet sich an Gunthers Kanzler Hagen, der ihr Rache verspricht. Kriemhild verrät aus Sorge Hagen die einzige verwundbare Stelle Siegfrieds. Hagen soll ihn da schützen. Als Siegfried sich bei einer gemeinsamen Jagd zum Trinken über eine Quelle beugt, ermordet Hagen ihn mit einer Lanze. Damit Kriemhild sich nicht mit dem Nibelungenschatz Verbündete gewinnen kann, versenkt Hagen den Nibelungenschatz im Rhein.

Jahre später heiratet Kriemhild den Hunnenkönig **ETZEL**. Um sich zu rächen, lädt sie ihre Brüder Gunther, Gernot, Giselher und die Nibelungen an den Etzelhof ein. Dort kommt es zu einem schrecklichen Kampf, bei dem schließlich alle Nibelungen, auch Kriemhild, den Tod finden.

Seit 2002 finden in Worms die **NIBELUNGENFESTSPIELE** auf einer großen Freilichtbühne vor dem Dom statt. Es ist ein großes Theaterereignis mit bekannten Schauspielern und wird auch manchmal im Fernsehen übertragen. Die Stücke haben meist einen Bezug zum Nibelungenlied.

WER WEIß ES NOCH?

1 Welche Aufgabe musste Siegfried lösen, damit er Kriemhild heiraten durfte?

2 Wo fand der Streit der Königinnen statt?

3 Warum hat Hagen Siegfried ermordet?

4 Welche Personen aus dem Nibelungenlied kennst Du?

DOM ST. PETER

Als erstes besichtigen wir den Dom St. Peter in Worms. Wahrscheinlich hast Du ihn schon von weitem gesehen. Er wurde nämlich auf der höchsten Stelle der Innenstadt gebaut, dort, wo schon bei den Römern ein Tempel stand. Der Dom St. Peter ist sicher das bekannteste Wahrzeichen von Worms. Es gibt da viel für Dich zu entdecken. (Fernglas wäre super!)

Wenn Du die paar Stufen auf den großen Platz vor dem Dom hinauf gehst, stößt Du auf ein kleines **BRONZEMODELL** der Kirche. Mit dem Modell und dem Grundriss, der auf der nächsten Seite abgebildet ist, kannst Du gut erkennen, wie der Dom aufgebaut ist:

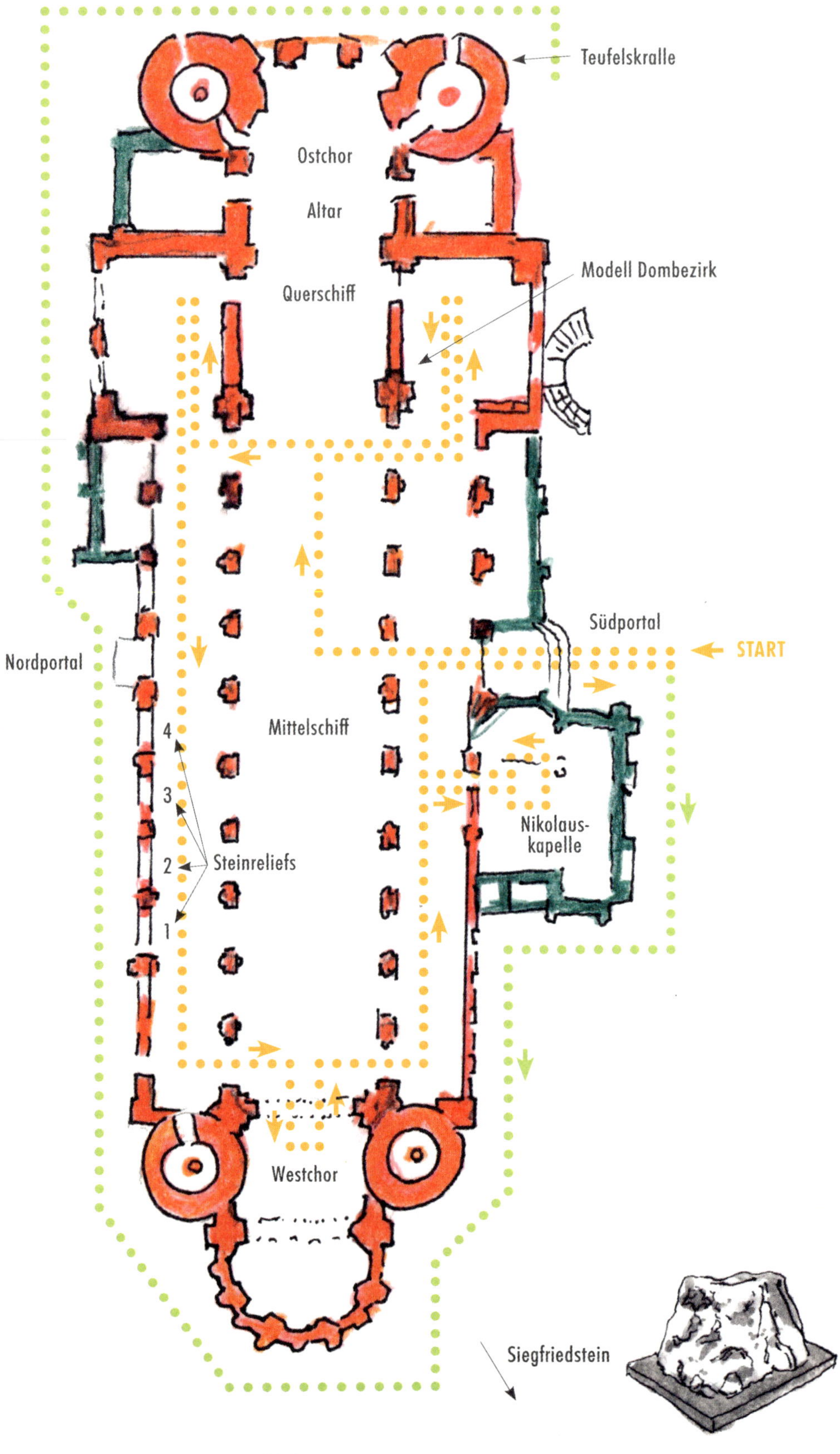
Teufelskralle
Ostchor
Altar
Modell Dombezirk
Querschiff
Südportal
START
Nordportal
Mittelschiff
4
3
2
1
Steinreliefs
Nikolaus-
kapelle
Westchor
Siegfriedstein

Der mittlere Teil des Doms, das Langhaus, besteht aus drei Teilen, die man Schiffe nennt, weil sie die Form eines umgedrehten Schiffes haben. Im vorderen Bereich, im Osten, gibt es noch ein Querschiff. Dadurch ergibt sich die Grundform eines Kreuzes. Es gibt einen Ost- und einen West-**CHOR**. An beiden Seiten gibt es zwei Treppentürme, zwischen denen jeweils ein **VIERUNGSTURM** sitzt.

Jetzt sieh Dir erst einmal einen Moment lang den richtigen Dom an: Wie mächtig er ist, 115 Meter lang! Und wie klein die Menschen daneben sind. Die Türme sind 58 und 65 Meter hoch. Er ist so riesig, weil die Menschen früher sehr fromm waren und Gott in ganz besonderen Gebäuden ehren wollten. Deshalb haben sie sich sehr viel Mühe gegeben, diese besonderen Orte zu bauen. Die Nachbarstädte Mainz und Speyer hatten kurz zuvor auch große Dome gebaut, und so wollten die Wormser nicht zurückstehen. Die drei Dome in Worms, Mainz und Speyer nennt man auch «rheinische Kaiserdome».

Die Zeichnung auf der gegenüberliegenden Seite zeigt Dir mit gelben und hellgrünen Pfeilen, welcher Weg im Dom und um ihn herum hier im Buch beschrieben ist.

Wie viele Türme hat der Dom insgesamt?

Auf Deinem Weg zum Dom begegnest Du jetzt einer Bronzefigur. Sie stellt Burchard dar, der von 1000 bis 1025 Bischof von Worms war und mit dem Bau des Domes begann. Sein Dom war jedoch schon nach wenigen

Jahren so baufällig, dass er abgerissen werden musste. Der Dom, den Du heute siehst, ist zum großen Teil in der Zeit seiner Nachfolger erbaut worden. Er wurde im Jahr 1181 eingeweiht.

ROMANISCHER DOMBAU

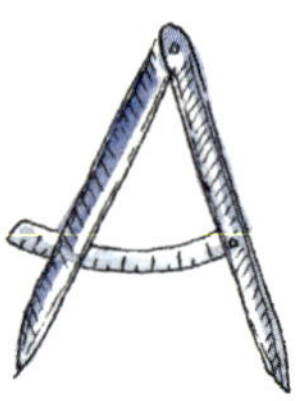

Wenn heute ein Gebäude errichtet wird, macht ein Architekt mithilfe eines Computers die Pläne. Ein Statiker berechnet, ob die Fundamente und die Mauern stark genug sind, um die Aufbauten und das Dach tragen zu können. Im Mittelalter hatte man all diese modernen Techniken noch nicht. Die Baumeister und die Handwerker mussten sich alleine auf ihre Erfahrung verlassen. Oft hatten sie vorher auf anderen Baustellen gelernt, auch in Italien oder Frankreich. Trotzdem kam es nicht selten vor, dass Teile des Bauwerkes zusammenstürzten, so wie der Westchor des Wormser Domes.

Du musst Dir vorstellen, dass die Handwerker auch keine Maschinen oder elektrischen Kräne hatten, sondern nur Winden und Werkzeuge. Man brauchte neben Hilfsarbeitern viele Experten. So wurden Steinquader und Plastiken von

Steinmetzen bearbeitet. Gerüste, Kräne und Dachstühle wurden von Zimmerleuten gebaut. Natürlich brauchte man auch Maurer, Schreiner, Maler, Glaser und Glockengießer. Da die Bauarbeiten viele Jahre dauerten, wurden «Bauhütten» errichtet, das waren Werkstätten, in denen auch im Winter gearbeitet werden konnte. Die Arbeit war auch gefährlich. Stell Dir vor, wie hoch die Arbeiter klettern mussten und wie schwer die Steine waren. Manch einer wurde bei Unfällen verletzt oder kam sogar ums Leben. Dass es den Menschen trotz aller Schwierigkeiten gelungen ist, einen so prächtigen Dom zu bauen, der schon 1000 Jahre hier steht, kann man nur bewundern.

Der Wormser Dom ist aus rötlichem Sandstein, was ihm eine besonders schöne, warme Farbe verleiht. Seine wesentlichen Teile sind im romanischen Stil erbaut. Einige Anbauten wie die Nikolauskapelle und das Südportal hat man später im gotischen Stil hinzugefügt.

Der Kirchenraum mit dem Altar heißt Chor (wie eine Gruppe von Sängern). Eine große Kirche wie der Dom hat einen Ost- und einen Westchor.

ROMANIK

Romanik ist der Kunststil des frühen Mittelalters

Typische Merkmale:
Rundbögen und Rundbogenfenster, mächtige Mauern, Säulen mit Blockkapitellen

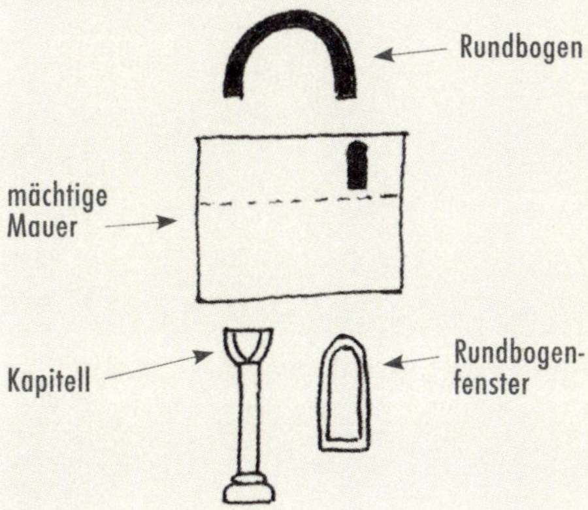

GOTIK

Gotisch baut man in Deutschland von 1250–1500

Typische Merkmale:
Spitzbögen und Strebepfeiler
Spitzbogenfenster lassen möglichst viel Licht in den Raum.
Gotische Kathedralen recken sich in die Höhe

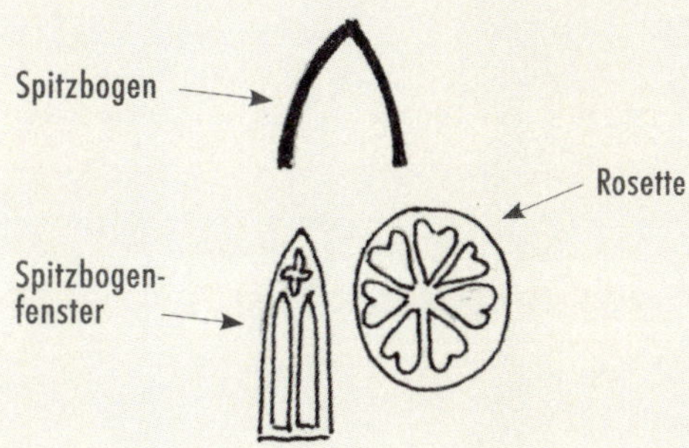

An der Spitze der Portalgiebels sitzt die triumphierende Kirche auf einem abenteuerlichen Tier. Es hat vier Köpfe und vier unterschiedliche Füße. Die Köpfe gehören zu den Tieren der vier Evangelisten.

Gehe jetzt auf das **SÜDPORTAL** zu. Da siehst Du, dass es eher spitz nach oben zuläuft. Es ist also nicht romanisch, sondern im gotischen Stil hinzugefügt worden (1250). In dem Bogen über dem Portal sind Figuren und Geschichten aus dem Alten und dem Neuen Testament gegenübergestellt.

Vielleicht erkennst Du einige:

Adam und Eva im Paradies,
Noah in seiner Arche, …

Bis auf wenige Geistliche und Gelehrte konnten die meisten Leute im Mittelalter weder lesen noch schreiben. Gedruckte Bücher gab es auch noch nicht. Deshalb waren der Figurenschmuck, die Ausmalungen oder die Kirchenfenster, ähnlich wie Comics, Bildergeschichten für das Volk, nur in Groß.

Einige Figuren am Portal, die «Tugenden», sollten den Menschen auch Anleitungen für gutes oder schlechtes Verhalten geben.

Vorderseite

Rückseite

Schau Dir diese Figur an, die «Frau Welt» heißt. Was denkst Du, soll sie uns sagen?

Findest Du links vom Portal diese Dackel-Figur? Als der Dom 1920 renoviert wurde, sprang der Dackel des Dombaumeisters ihn auf einem Gerüst an. Der Baumeister wich aus. Kurz danach fiel ein Gesteinsbrocken nieder. Und weil der Hund ihm das Leben gerettet hatte, ließ der Baumeister ihm ein Denkmal setzen.

Diese Frauenfigur soll die «Synagoga» darstellen. Sie steht für den jüdischen Glauben. Sie hat verbundene Augen, weil die Christen im Mittelalter dachten, dass die Juden den «wahren Glauben» nicht erkennen.

Wenn Du nach oben schaust: Wie hoch, schätzt Du, ist das Kirchengewölbe? Wie viele Wohnungen könnte man hier übereinander stellen?

Wenn Du jetzt den Dom betrittst, gehst Du am besten in den mittleren Gang, in das mittlere Kirchenschiff. Da bekommst Du gleich einen Gesamteindruck.

Auch innen ist der Dom mächtig. Stühle und Bänke gab es hier im Mittelalter nicht. Stattdessen war das Innere des Doms durch steinerne Schranken, die man **LETTNER** nennt, für die verschiedenen Stände aufgeteilt. Der Ostchor war für den Bischof, die Priester und Mönche, der Mittelteil für das «einfache Volk» und der Westchor für den Kaiser, die Fürsten und Ritter. Nicht einmal in der Kirche waren die Menschen gleich, sondern nach ihrem Stand unterteilt.

Wahrscheinlich schaust Du sofort auf den **HOCHALTAR** im Ostchor. Er glänzt golden und hat sehr viel Schwung. Französische Truppen hatten ja in einem Krieg 1689 ganz Worms in Brand gesteckt. Dabei war auch der Dom ausgebrannt und brauchte einen neuen Altar. Der wurde von dem berühmten Würzburger Architekten **BALTHASAR NEUMANN** 1738–1742 im Barockstil geschaffen.

Am besten gehst Du jetzt so weit wie möglich nach vorne, damit Du möglichst viele Einzelheiten erkennen kannst. Rechts und links der

Säulen des Altars stehen die Statuen der Apostel Petrus und Paulus. Petrus, den Schutzpatron des Domes, erkennst Du an dem Hahn, der neben ihm steht, und an dem Schlüssel. Paulus erkennst Du an dem Schwert.

Wie oft im Barock gibt es noch jede Menge große und kleine vergoldete Engel. Die kleinen nennt man Putten. Manchmal scheinen sie nur lustig herum zu fliegen, damit es schöner aussieht. Manchmal halten die Engel goldene Wappen.

Hier kannst Du Engel zeichnen:

Im Barockstil wurde von 1650 bis 1750 gebaut. Man nutzte gerne runde und geschwungene Formen, reiche Verzierungen und vergoldete Figuren. Die Kirchen hatten oft Kuppeln.

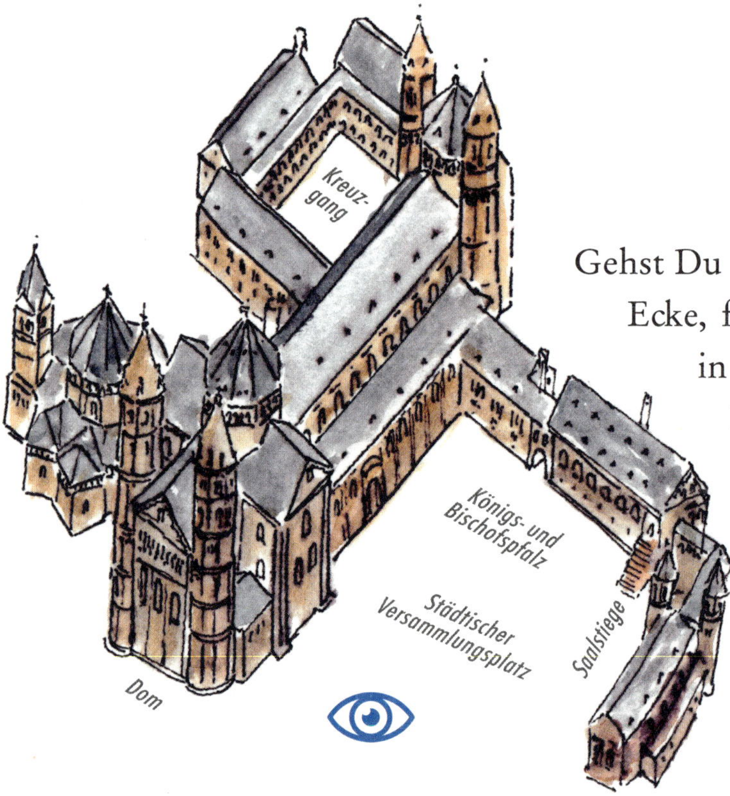

Gehst Du rechts vom Altar um die Ecke, führt eine kleine Treppe in eine Gruft, eine Art Friedhof, hinab. In den steinernen Särgen, die Sarkophage heißen, liegen **KONRAD DER ROTE** und andere Verwandte des Salierkaisers Konrad.

Gehe jetzt die Stufen zum nächsten Raum hinauf und sieh Dir das Modell im Glaskasten an. So sah die Umgebung des Doms bis zur Zerstörung von 1689 aus. Es war eine riesige Anlage: Links neben dem Dom war eine große **ACHTECKIGE TAUFKIRCHE**. Rechts vom Dom lagen der **BISCHOFSPALAST**, eine Hofkapelle und Kanzleiräume. Hier wohnte der Kaiser bei seinen Besuchen und hier fanden auch die Reichstage statt.

Erkennst Du, was auf den Plastiken dargestellt ist?

Die zwei Steinplastiken auf dem Boden des Raumes sind Kopien von der Galerie hoch oben am Ostchor. Hier kannst Du sie aus der Nähe betrachten.

Wenn Du jetzt in die Kapelle auf der anderen Seite des Hochaltars gehst, siehst Du gleich mehrere Grabmäler. Der Dom ist nämlich, wie Du vielleicht an den Grabplatten mit den Totenköpfen schon gesehen hast, zugleich eine Art Friedhof für wichtige Personen wie Bischöfe, Adelige oder Priester. Schau mal in eine der Nischen rechts. Da springt aus der Wand eine seltsame Figur. Es ist der **TOD MIT EINER SENSE**. Findest Du, dass er zum Fürchten ist? Nicht wirklich! Er sieht doch eher aus wie ein alter Mann mit Engelsflügeln. Der Tod war für viele Menschen auch eine Erlösung.

Wenn Du von der Kapelle aus nach rechts oben schaust, kannst Du ein großes Wandbild, ein **FRESKO**, an der Wand sehen. Es zeigt den heiligen **CHRISTOPHORUS**. Im Mittelalter waren alle Wände der Kirche farbig gestrichen oder mit Darstellungen wie der des heiligen Christophorus geschmückt.

Der Name Christophorus kommt aus dem Griechischen und bedeutet «Christusträger». Er wurde so groß gemalt, damit man ihn schon von der Kirchentür aus sehen konnte. Die Menschen glaubten, dass sie den Tag gesund überleben würden, wenn sie schon morgens sein Bild ansehen würden.

Fresko ist eine Maltechnik, bei der die Farbe auf den frischen Putz aufgetragen wird.

Im nördlichen Seitenschiff siehst Du einen Edelmann, der in Ritterrüstung vor einem Kreuz kniet. Kannst Du Dir vorstellen, wie schwer und unpraktisch die Rüstung war? Auch hier gibt es einen Totenkopf.

Hier kannst Du zu Hause selbst verschiedene Totenköpfe zeichnen:

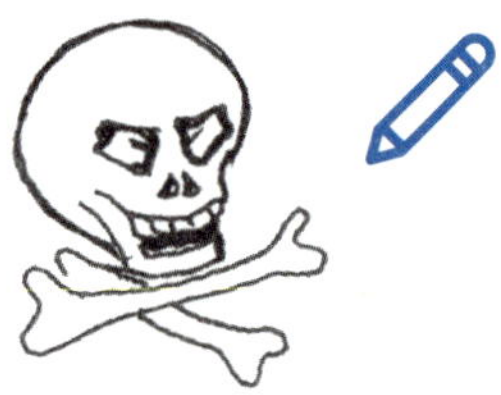

STEINRELIEFS

Ein Relief ist eine Bildhauerarbeit, bei der sich die Figuren deutlich vom Untergrund abheben.

Wenn Du jetzt weiter nach Westen gehst, kommst Du an mehreren großen Steinreliefs vorbei. Du solltest beim Anschauen mit dem Relief ganz links anfangen.

MARIÄ VERKÜNDIGUNG

Du siehst, wie der Engel Maria besucht und ihr sagt, dass sie ein Kind bekommen wird, und dass dieses Kind – Jesus – Sohn Gottes ist. Gott ist die Figur mit Zepter und Weltkugel, die über den beiden schwebt. Neben Marias Kopf siehst Du ein Bücherregal. Damit wollte der Künstler zeigen, dass Maria gebildet war und lesen konnte. Das war damals etwas ganz Besonderes.

WEIHNACHTEN

Hier siehst Du Maria, Josef und das Christkind in der Krippe. Umringt sind sie von Engeln und staunenden Menschen. Wenn Du genau hinschaust, siehst Du auf dem Boden eine ganze Menge Tiere.

Schau genau hin: Welche Tiere findest Du auf der Krippendarstellung?

KARFREITAG

Das nächste Relief zeigt, wie Jesus nach seiner Kreuzigung ins Grab gelegt wird. Hinter ihm stehen sein Lieblingsjünger Johannes, seine Mutter und noch andere Frauen, die um ihn trauern. Zwei andere Männer hängen noch an ihren Kreuzen.

OSTERN

Nach drei Tagen ersteht Jesus von den Toten auf. Christen feiern das an Ostern. Auf dem Steinbild steigt Christus mit der Siegesfahne aus seinem Grab, während die Wächter schlafen. Wen hat Christus besiegt? Den Tod!

WURZEL JESSE

Dieses Relief ist das geheimnisvollste und raffinierteste: Ein riesiger Baum wächst aus einem schlafenden Mann. Zwischen seinen Zweigen sind verschiedene Personen dargestellt, die meisten mit Kronen. Das Ganze soll den Stammbaum von Jesus darstellen. Hoch oben siehst Du Maria mit dem Jesuskind.

Einer seiner Vorfahren ist der König David, der auf seiner Harfe spielt.

Links hinter David kniet der Bischof, der dieses Relief gestiftet hat. Der schlafende Mann unten heißt Jesse und ist der Urahn von Jesus. Dazu gibt es ein Weihnachtslied: «Es ist ein' Ros' entsprungen … von Jesse kam die Art.»

Findest Du König David auf dem Relief?

Zeichne Deinen eigenen Stammbaum!

STAMMBAUM VON ______________________________

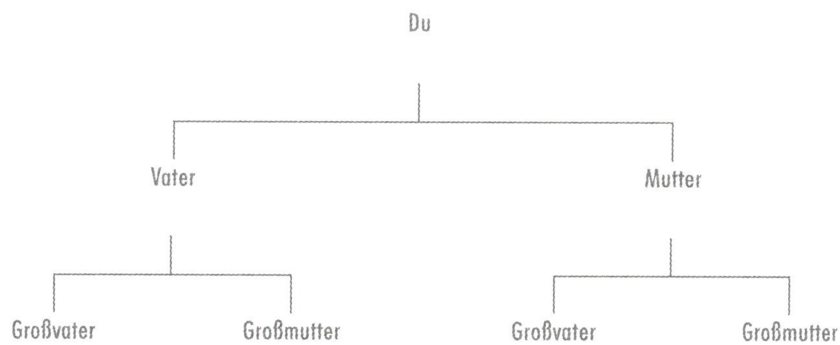

Gehe jetzt weiter zum **WESTCHOR**. Wenn Du die Stufen hinaufgehst, siehst Du eine Grabplatte für das Grab des Bischofs Burchard. Besonders bemerkenswert am Westchor sind die **ROSETTENFENSTER**. Das Glasfenster mit dem Christus in der Mitte wurde erst vor gut 40 Jahren eingebaut. Die alten Fenster zerplatzten nämlich alle, als es 1921 in einer 20 Kilometer entfernten Chemiefabrik zu einer Explosion kam.

Wenn Du Deinen Kopf ganz zurücklegst, siehst Du in der Kuppel den **HEILIGEN LAURENTIUS**, einen Märtyrer.

Der hl. Laurentius war ein Märtyrer, das heißt, dass er für seinen Glauben gestorben ist. Weil die meisten Menschen nicht lesen konnten, hat man Heilige und Märtyrer mit Erkennungszeichen dargestellt. Beim hl. Laurentius war das ein Rost, mit dem er wohl gefoltert wurde.

Geh jetzt wieder zurück in Richtung des Südportals. Auf dem Weg kannst Du rechts noch die Nikolauskapelle besichtigen.

NIKOLAUSKAPELLE

In der Nikolauskapelle fallen Dir sicher die großen farbigen Fenster mit den spitzen Bögen auf. Die Kapelle ist nämlich gotisch und wurde erst um 1315 an den Dom angebaut.

Im Altar neben dem Eingang ist unten ein **SCHLUSSSTEIN** angebracht mit dem heiligen Petrus in einem Boot.

Schlusssteine sitzen an der höchsten Stelle des Gewölbes und ermöglichen, dass die Konstruktion sich selbst trägt. Der Schlussstein mit dem hl. Petrus stammt eigentlich aus dem abgetragenen Kreuzgang des Domes.

Links siehst Du einen Flügelaltar mit dem Heiligen Laurentius, Maria mit dem Jesuskind und dem heiligen Nikolaus. Der heilige **NIKOLAUS** wird in vielen katholischen Ländern verehrt, weil er sein ererbtes Vermögen unter arme, notleidende Menschen verteilt hat. Du kennst ihn vom Nikolaustag am 6. Dezember. Da stellen viele Kinder ihre Stiefel vor die Tür, und am nächsten Morgen sind sie mit kleinen Geschenken gefüllt.

Reliquien sind Knochenteile von Menschen, die für ihren Glauben gestorben sind. Die ursprüngliche Reliquie des heiligen Nikolaus war ein Finger. Dem Finger soll ein heilsames Öl entquollen sein. Die Nachricht von diesem Wunder führte dazu, dass viele Gläubige zur Nikolauskapelle pilgerten.

In der kleinen Nische neben dem Altar siehst Du heute eine moderne Reliquie vom Grab des heiligen Nikolaus von Myra. Rechts daneben steht der geheimnisvolle **DREIJUNGFRAUENSTEIN**. Die drei Frauen heißen Embede, Warbede und Willebede. Vielleicht heißen sie nach Göttinnen, die von den keltischen Vorfahren vor 2000 Jahren verehrt wurden. Außerdem siehst Du einen gotischen **TAUFSTEIN** mit Johannes dem Täufer und Propheten.

Findest Du, dass die Löwen hier wie echte Löwen aussehen? Zeichne Deinen eigenen Löwen:

Bevor Du jetzt den Dom verlässt, könntest Du noch einen Blick in die Kapelle links des Südportals werfen. In der **ANNENKAPELLE** siehst Du rechts oben zwei Steinbildwerke. In dem oberen wird der Prophet Habakuk von einem Engel an den Haaren weggetragen. Unten ist die Geschichte von **DANIEL IN DER LÖWENGRUBE** dargestellt.

Daniel wurde vom babylonischen König in die Löwengrube geworfen, weil er zu Gott betete. Als der König am nächsten Tag die Grube öffnete, war Daniel unverletzt. Gott hatte Engel geschickt, die den Löwen die Mäuler zuhielten. Wie viele Löwen siehst Du?

Welche Namen aus dem Geschichtsfenster kennst Du?

Auf dem Fenster in der Kapelle sind Personen dargestellt, die für Worms wichtig waren. Vielleicht erkennst Du einige Namen, die Du inzwischen in dem Buch kennengelernt hast.

Gehst Du aus dem Südportal des Domes heraus und rechts die Treppen hoch, kommst Du am Südportal der Nikolauskapelle vorbei. Das Steinrelief über dem Portal zeigt eine

Geschichte aus dem Leben des heiligen Nikolaus. Links rettet er ein Schiff vor einem Sturm, der als kleines Teufelchen dargestellt ist. Rechts entreißt er dem Henker, der drei unschuldige Männer hinrichten will, das Schwert.

Eine Zwerggalerie ist eine Galerie unter dem Dachgesims einer Kirche mit kleinen Säulen an der Außenseite.

Du kommst jetzt zum fünfeckigen **WESTCHOR**. Oberhalb der Rosettenfenster siehst Du eine **ZWERGGALERIE** mit Säulen. Zu deren Füßen lauern unheimliche Figuren. Das sind Dämonen, die böse Geister vom Dom fernhalten sollen. Das kannst Du am besten mit einem Fernglas betrachten.

Hier kannst Du selbst unheimliche Dämonen erfinden:

Der südliche, rechte Treppenturm heißt **ESELSTURM**. In ihm führt keine Treppe, sondern eine Rampe nach oben. Auf ihr mussten Esel das Material, Steine und Balken, nach oben tragen.

Der linke, nördliche Turm hat andere Fenster als der rechte. Einer der beiden Türme war nämlich 1429 bei einem Gewitter zerstört und im gotischen Stil wiederaufgebaut worden.

Was denkst Du, welcher Turm das war? Woran hast Du das erkannt?

SIEGFRIEDSTEIN

Der große weiße Stein auf dem Platz der Partnerschaft vor dem Chor wird **SIEGFRIEDSTEIN** genannt. Es wird erzählt, Siegfried hätte ihn beim Wettkampf mit Brunhilde vom Odenwald 20 Kilometer bis hierher geschleudert. In Wirklichkeit ist der Stein der untere Teil einer riesigen **BAUMKELTER**. Dort wurde der Wein für die Domkellerei gekeltert.

Nach der Nibelungensage haben sich auch die Königinnen Kriemhild und Brunhild vor dem Nordportal gestritten, wer als erste den Dom betreten durfte. Aus diesem Streit folgte dann das blutige Drama des Nibelungenliedes.

NORDPORTAL

Gehst Du jetzt links um den Dom herum, kommst Du zum Nordportal. Das war das Portal, durch das Kaiser, Bischöfe und andere hochgestellte Personen in den Dom einzogen. Über dem Portal ist heute eine bronzene Figur angebracht. Sie stellt den Kaiser Barbarossa dar. Er war oft und gerne in Worms und hat deshalb den Wormser Bürgern besondere Vorteile gewährt. Dadurch mussten sie viel weniger Steuern bezahlen. Das machte sie so froh, dass sie Teile des kaiserlichen Schreibens, des **FREIHEITSBRIEFES**, in goldenen Buchstaben über dem Portal anbrachten.

Heute ist ein Dom hauptsächlich für Gottesdienste und fürs Beten da. Im Mittelalter hatte er noch ganz andere Aufgaben. Hoch im Turm saß ein Wächter, der weit ins Land schauen und warnen konnte, wenn sich Feinde der Stadt näherten. Eine der Glocken warnte die Bewohner vor Feuer oder anderen Gefahren. Mit dieser Glocke wurden aber auch die Bürger zu wichtigen Versammlungen gerufen, die im Dom oder vor dem Nordportal stattfanden. Hier wurden auch Verträge abgeschlossen, Eide geleistet und die Ratsmitglieder vereidigt.

OSTCHOR

Wenn man vor dem Ostchor nach oben blickt, kommt man sich ziemlich winzig vor. Auch hier ist unter dem Giebel eine Säulenreihe mit steinernen Dämonen, die böse Geister abwehren sollen. Am rechten Turm unten findest Du über einer kleinen Bronzetafel die **WORMSER ELLE** (Wormser Elle: ein Längenmaß von 54,9 Zentimetern).

Als es noch keine verbindlichen Maße gab wie heute zum Beispiel Zollstöcke, war das Messen mit Körperteilen üblich. Die Elle wurde ursprünglich vom Röhrenknochen des Unterarms, der Elle heißt, abgeleitet. Weil aber jeder Mensch unterschiedlich groß ist, hat man hier am Dom festgelegt, wie lang eine Elle in Worms für alle sein sollte. Die Elle diente den Händlern und Kunden als verbindliches Maß, damit sie sich nicht beschummeln konnten, z. B. beim Stoffkauf.

Wenn Du nochmal kurz links die Treppe hinaufgehst, findest Du am Fuß des Turmes die sogenannten **TEUFELSKRALLEN**. Diese Kerben kommen aber wohl nicht vom Teufel. Vielmehr haben Pilger ihre Rosenkränze, Medaillons oder normale Gebrauchsgegenstände wie

Messer am Dom gerieben, um ein Stück vom Dom und damit vom kirchlichen Segen mit nach Hause zu nehmen. Auch Ritter machten das mit ihren Schwertern, bevor sie in den Krieg zogen.

Es gibt aber auch einige Dom-Bewohner, die Du jetzt leider nicht siehst. Wie in vielen anderen alten Gebäuden, wohnen auch im Dom **FLEDERMÄUSE**, die natürlich nur nachts fliegen. Außerdem brüten über 50 Mauerseglerpaare in den alten Gerüstlöchern des Domes. **MAUERSEGLER** sind außergewöhnlich gute Flieger, die drei Viertel ihres Lebens in der Luft verbringen. Sie können sogar in der Luft schlafen.

Und schließlich hat sogar ein **WANDERFALKEN**-pärchen seinen Horst im Nordost-Turm des Domes. Die Jagd mit Falken gehörte übrigens im Mittelalter zu den Lieblingsbeschäftigungen des Adels. Auch adelige Damen durften mit Vögeln jagen.

Kaiser Friedrich II. hatte bis zu 50 Falkner, die seine Falken betreuten. Er schrieb sogar ein wundervoll illustriertes Buch über die Kunst, mit Vögeln zu jagen. Er liebte es, seinem Hof mit exotischen Tieren mehr Glanz und Pracht zu verleihen.

WER WEIß ES NOCH?

1 Wie heißt der Baustil des Wormser Domes und woran kannst Du ihn gut erkennen?

2 Wer ließ den Dom und mehrere andere Kirchen in Worms erbauen?

3 Kannst Du Dich noch an Figuren im Südportal erinnern?

4 Kannst Du Dich noch an einige der großen Steinreliefs im nördlichen Seitenschiff erinnern? Welche Geschichten erzählen sie?

5 Was ist eine Reliquie?

6 Die größte Kapelle des Domes trägt den Namen eines Heiligen. Welcher ist das?

7 Warum heißt der Eselsturm Eselsturm?

8 Weißt Du noch, wie die «Teufelskrallen» zustande kamen?

9 Welche Tiere wohnen im Wormser Dom?

TOUR 1: VOM RATHAUS BIS ZUM HEYLSHOF

Rathaus → Dreifaltigkeitskirche → Haus zur Münze → Siegfriedbrunnen → Magnuskirche → Elefantenhöfe → Museum der Stadt Worms im Andreasstift → Luginsland → Jüdischer Friedhof «Heiliger Sand» → Museum Heylshof

RATHAUS, DREIFALTIGKEITSKIRCHE UND HAUS ZUR MÜNZE

Wo heute die Dreifaltigkeitskirche steht, stand früher das prächtige Rathaus der Wormser, die **«MÜNZE»**. Die Münze bestand aus drei Gebäuden und wurde 1491 sehr kostbar ausgestaltet. Außen an die Münze hatte man Mammutknochen gehängt, vielleicht zur Erinnerung an die alte Drachensage. Auf der Fassade waren Kriemhild, Siegfried und zwei Riesen zu sehen.

«DAS SCHÖNSTE HAUS DER ERDE» nannten die Wormser die Münze. Als 1689 die Stadt durch französische Truppen zerstört wurde, ist auch die Münze abgebrannt. Erst im 19. Jahrhundert wurde wieder ein Rathaus gebaut, das 1945 aber auch durch Bomben zerstört wurde. 1958 wurde dann das heutige **RATHAUS** fertig gestellt.

Fällt Dir die große blaue Uhr unter dem Turm auf? Es ist keine gewöhnliche, sondern eine astronomische Uhr. Die Uhr hat einen Sonnenzeiger, einen Mondzeiger und einen Drachenzeiger. Der Sonnenzeiger braucht ein Jahr für eine Umdrehung, der Mondzeiger 27 Tage. Der Drachenzeiger läuft entgegen dem Uhrzeigersinn in 18 Jahren einmal herum. Mit seiner Hilfe lassen sich Sonnen- und Mondfinsternisse vorhersagen.

Kannst Du den heutigen Tag und sein Sternzeichen ablesen? Welches ist Dein Sternzeichen?

Hast Du eine Idee, warum Justitia eine Augenbinde hat? Welche Gegenstände hält Justitia in der Hand?

Vor dem Rathaus steht der **GERECHTIGKEITS-** oder **MARKTBRUNNEN** von 1778. Für die Händler und Kunden auf dem Markt sollte es gerecht zugehen. Und so überwacht **JUSTITIA**, die Göttin der Gerechtigkeit bei den alten Römern, Maße und Gewichte der Marktleute. Das war wichtig, weil es ja noch keine genormten Maße gab. Begleitet wird sie von den Göttern Neptun und Herkules.

An der vorderen Ecke des Marktplatzes gibt es die Eisdiele, bei der Du ein ziemlich leckeres Eis bekommst.

RATHAUS

Hauptsitz der Wormser Stadtverwaltung ist das Rathaus. Es dauerte viele hundert Jahre, bis die Bürger von Worms ihre Angelegenheiten selbst entscheiden konnten. Im Mittelalter waren zunächst Grafen, ab 1000 die Bischöfe die obersten Herren der Stadt. Ab 1200 gab es einen 40-köpfigen Rat in der Stadt. Es dauerte aber noch einmal über 300 Jahre, bis sich die Bürger in teilweise kriegerischen Auseinandersetzungen weitgehend von der bischöflichen Stadtherrschaft befreit hatten. Die wichtigsten Entscheidungen wurden dann von einem «Dreizehnerrat» getroffen. Heute wird der Oberbürgermeister von allen wahlberechtigten Bürgern in direkter Wahl für acht Jahre gewählt. Bei besonderen Anlässen trägt er seine goldene Amtskette mit dem Stadtwappen.

Ohne die verschiedenen Leistungen einer Stadt könnten ihre Bürger kaum leben. Die Stadt Worms hat immerhin 1200 Mitarbeitende. Ohne Müllabfuhr würden wir in unserem Abfall ersticken, ohne Feuerwehr und Stadtpolizei würden wir gefährlich leben. Die Mitarbeiter sorgen für befahrbare Straßen, Spielplätze, Jugendtreffs, Parks, Schulgebäude. Auch für Theater, Musikschulen, die Betreuung von Flüchtlingen und noch vieles andere. Nicht einmal Trinkwasser hätten wir und keine Abwasserbeseitigung. Jahrhundertelang lösten die Menschen ihren Toilettengang in der Stadt so …

Und das hatte nicht nur viel Gestank und Dreck zur Folge, sondern auch viele Krankheiten.

DREIFALTIGKEITSKIRCHE

Nachdem die «Münze» zerstört worden war, sollte an dieser Stelle endlich eine protestantische Kirche errichtet werden. Die Dreifaltigkeitskirche war der erste große Bau nach dem schrecklichen Stadtbrand. Die feierliche Einweihung 1725 wurde durch Abfeuern eines Geschützes, durch Trompeten und Paukenschall vom Kirchturm angekündigt. 3000 Personen fanden in der Kirche Platz, mehr als es nach der Stadtzerstörung noch Einwohner gab. Die Kirche war prächtig ausgeschmückt und hatte eine riesige Orgel.

Bei der Zerstörung 1945 blieben jedoch nur die Außenmauern und der Turm stehen. Der Innenraum wurde neu aufgebaut. Er ist heute mit einem **MOSAIK** vom Auftreten Luthers vor dem Reichstag und großen, bunten **GLASFENSTERN** geschmückt.

HAUS ZUR MÜNZE

Rechts neben der Dreifaltigkeitskirche steht seit 1963 das heutige **HAUS ZUR MÜNZE**. Zur Zeit ist darin die Stadtbibliothek mit der Kinder- und Jugendbücherei untergebracht. (Hier können Wormser Kinder kostenlos Bücher ausleihen.) Vom Vorgängerbau, dem **CORNELIANUM**, das 1945 zerstört wurde, sind nur einige Plastiken übrig. **SIEGFRIEDS EINZUG** zeigt, wie er mit Gefährten hoch zu Ross in Worms einzieht. Siegfried ist nicht nur ein strahlender Held, sondern auch ein ziemlicher Angeber. So fordert er gleich nach seinem Einzug von seinem Gastgeber König Gunther die Herrschaft über Worms. Nur dem Geschick von Giselher, dem Bruder von Gunther, ist zu verdanken, dass der Streit friedlich beigelegt wird. An der Außenwand sitzt unter einem kleinen Baldachin der Sänger der Nibelungen, **VOLKER VON ALZEY**, mit Schwert und Fidel. Er wird später, wie alle Nibelungen, an Etzels Hof getötet.

Vor dem Haus zur Münze steht der **SIEGFRIED-BRUNNEN**. Der jugendliche Siegfried steht auf der Spitze des Brunnens und hält triumphierend den Schwanz des Drachen, den er gerade erschlagen hat.

MAGNUSKIRCHE UND ELEFANTENHÖFE

Die kleine **MAGNUSKIRCHE** mit ihrem spitzen Turm ist die älteste Kirche in Worms. Nach Luthers Auftritt vor dem Reichstag wechselten die meisten Wormser Bürger zum protestantischen Glauben. Da der Dom und die anderen Kirchen den Katholiken gehörten, war die Magnuskirche die erste Kirche, in der protestantisch gepredigt wurde.

Direkt neben der Magnuskirche befinden sich die sogenannten **«ELEFANTENHÖFE»**. Das sind sehr schön renovierte Gebäude rund um zwei Höfe.

Gibt es hier Elefanten? Was meinst Du? Aber sieh Dir den Sandsteinbogen über dem Portal zum Innenhof an. Im Feld über dem Portal kannst Du einen Elefantenkopf entdecken und die Inschrift: «Allhier zum Elephant bin ich genandt». Früher hatten Häuser nämlich keine Hausnummern sondern Namen. Und das Haupthaus neben dem Portal hatte den Namen «Zum Elefanten».

Welchen Namen würdest Du dem Haus geben, in dem Du wohnst? (Je lustiger, desto besser):

Zeichnung: Richard Stumm sen.

Über 200 Jahre lang war hier das berühmte Weinhandelshaus Valckenberg. Deshalb gibt es unter den Gebäuden noch riesige Kellerräume für die Weinfässer.

Im Hof gibt es hübsche, kleine Geschäfte, Restaurants, Cafés und ein Eiscafé. Eine gute Gelegenheit für ein leckeres Eis!

Während des jährlichen Jazzfestivals, das weit über Worms hinaus berühmt ist, finden auch auf dem Weckerlingplatz vor den Elefantenhöfen Konzerte statt.

MUSEUM DER STADT WORMS

Das **ANDREASSTIFT** ist heute das **MUSEUM DER STADT WORMS**. Die dreischiffige romanische Kirche wurde 1020 gebaut und mehrfach umgestaltet. Nach der französischen Revolution wurden viele Klöster und Stifte aufgelöst. Die Gebäude wurden teilweise als Spritzenhaus und Speicher genutzt.

Im Museum findest Du viele wirklich interessante Ausstellungsstücke. Zum Beispiel ein gruseliges Pferdegerippe und Skelette aus Hockergräbern. Aus der Zeit der Römer gibt es Waffen und Gefäße. Du erfährst, wie Frauen sich damals geschminkt und gekleidet haben und welche Schmuckstücke sie trugen. Auch eine römische Theatermaske gibt es.

Im Lesesaal kannst Du am Bildschirm «Worms vor 500 Jahren» überfliegen. Im Lutherzimmer gibt es das Modell des Reisewagens von Luther, mit dem er nach Worms gefahren ist. Auf dem Rückweg mit dem Wagen ist er zum Schein überfallen und auf die Wartburg in Eisenach entführt worden.

Besonders spannend ist das Digitalspiel «Worms A.D. 1298», wo Du in Rollenfiguren schlüpfen kannst und Abenteuer bestehen musst. Das Andreasstift ist also alles andere als ein langweiliges Museum für Erwachsene.

Was hat Dir am besten gefallen?

Im Kreuzgang siehst Du alte Grabsteine, die ältesten sogar aus der Römerzeit. Außerdem findest Du einige Schmuckreliefs vom ehemaligen Rathaus zur Münze, zum Beispiel zwei große Kaiserporträts.

Wenn Du aus dem Museum kommst, gehst Du nach links durch das **ANDREASTOR**. Es war Teil der alten **STADTMAUER**. Allerdings waren die Tore in der Stadtmauer ursprünglich viel kleiner, um es den Angreifern nicht zu leicht zu machen. Die großen Durchbrüche wurden erst zu Beginn des 20. Jahrhunderts wegen des Verkehrs gemacht. Die Anlage vor dem Andreastor liegt tiefer. Hier war früher der Graben, der mit Wasser, teilweise sogar mit Aas und Unrat, gefüllt war. Das stank ziemlich. Da wollte sicher niemand hindurch.

Geh jetzt in der Anlage Richtung jüdischer Friedhof bis zur Südwestecke. Siehst Du hoch oben das hohe Gebäude? Heute ist es eine Villa. An dieser Stelle stand im Mittelalter ein Turm, der **«LUGINSLAND»** hieß.

Woher kommt der sonderbare Name Luginsland? Dazu gibt es eine Legende. Als ein Besucher Heinrich fragte, was er in seinem Gefängnisturm so mache, soll er geantwortet haben: «Ich lug ins Land!»

Kaiser **FRIEDRICH II.** hat im Jahr 1235 seinen Sohn, König **HEINRICH VII.** in diesen Turm eingesperrt. Der Kaiser, der meist in Italien lebte, war sauer auf seinen Sohn, weil er sich seinem Vater nicht unterordnete. Während Heinrich im Turm saß, feierte der Kaiser im

Wormser Dom eine prunkvolle Hochzeit mit der jungen Prinzessin **ISABELLA VON ENGLAND**. Eigentlich wollte der Sohn sie heiraten. Gemein, oder?

In der Mauer unten ist ein hübsches Brünnchen eingelassen.

Welche Tiere siehst Du auf dem Brunnen?

WER WEIß ES NOCH?

1 Wie hieß das berühmte Wormser Rathaus im Mittelalter?

2 Welche Uhr schmückt das neue Rathaus?

3 Wie heißt die große protestantische Kirche neben dem Rathaus?

4 Vor dem Haus zur Münze steht ein Brunnen. Wer und was ist auf dem Brunnen dargestellt?

5 Welches war die erste protestantische Kirche in Worms?

6 Was ist die Geschichte von Luginsland?

JÜDISCHER FRIEDHOF «HEILIGER SAND»

Vielleicht fragst Du Dich, warum Du einen Friedhof besuchen sollst. Was gibt es da zu sehen? Der jüdische Friedhof in Worms ist wirklich besonders: Er ist der **ÄLTESTE JÜDISCHE FRIEDHOF** nördlich der Alpen. Er wurde nie zerstört oder verändert. Jedes Jahr besuchen ihn Tausende Juden aus Israel und der ganzen Welt. Und weil er so alt und berühmt ist, gehört er seit 2021 zum **WELTKULTURERBE DER UNESCO**.

Die UNESCO gehört zu den Vereinten Nationen. Sie vergibt den Ehrentitel Weltkulturerbe. Das bedeutet, dieser Ort ist von so unschätzbarem Wert für die Menschheit, dass er für die gesamte Zukunft erhalten werden muss.

Früher lag der Friedhof außerhalb der Stadtmauern. Juden begruben ihre Toten aus religiösen Gründen außerhalb der Stadt. Der Name «Heiliger Sand» kommt daher, weil angeblich seine Erde aus Jerusalem, dem «Heiligen Land», herbeigeschafft wurde.

Auf den Zetteln, die auf den Grabsteinen liegen, stehen Bittgebete, also Wünsche, die Juden bei ihrem Besuch hier abgelegt haben. Die Juden legen beim Besuch eines Grabes Steine ab, ähnlich wie heute viele Menschen Blumen auf ein Grab legen. Auf den Grabsteinen bedeutender Gelehrter und Rabbiner liegen besonders viele Zettel und Steine.

Vor dem Eingang zum eigentlichen Friedhof steht ein kleines Häuschen. Hier wurden die Toten vor ihrer Beerdigung gewaschen. Außerdem siehst Du einen Brunnen, an dem sich Juden vor Verlassen des Friedhofs die Hände waschen.

Der Friedhof hat 2500 Gräber, 1200 davon sind sehr alt. Im Friedhof selbst kommst Du erst zu den ältesten Grabsteinen. Gleich links stehen dicht beieinander zwei Grabsteine, auf denen Du viele Steine und kleine Zettel siehst. Die Gräber gehören dem **RABBI MEIR VON ROTHENBURG**, einem sehr berühmten Rechtsgelehrten und **ALEXANDER BEN SALOMON WIMPFEN**.

Kaiser Rudolf ließ den Rabbi auf einer Reise nach Jerusalem festnehmen und in den Kerker sperren, um Lösegeld zu erpressen. Dort starb der Rabbi. Alexander war ein sehr frommer Jude, der sein gesamtes Vermögen dafür opferte, um den Leichnam von Rabbi Meir freizukaufen. Deshalb wurden beide Männer hier 1307 nebeneinander begraben.

Auf manchen Grabsteinen findest Du Symbole, die Dir Hinweise auf die Tätigkeit der Verstorbenen oder auf ihre Namen oder

ihre Familie geben. Zum Beispiel segnende Priesterhände.

Achtung: Es ist nicht erlaubt, die Wege zu verlassen. Die Totenruhe darf nicht gestört werden.

Hast Du noch andere Symbole gefunden?

Neuere Gräber liegen auf dem höheren Teil des Friedhofs. Die Grabsteine sind hier oft in Hebräisch und auf Deutsch beschriftet, sodass Du sie auch lesen oder Dir vorlesen lassen kannst.

Ist Dir eine Grabsteininschrift aufgefallen? Hier kannst Du sie aufschreiben.

WER WEIß ES NOCH?

1 Warum ist der jüdische Friedhof in Worms so berühmt?

2 Der jüdische Friedhof gehört zum Weltkulturerbe. Wer verleiht diesen Ehrentitel und was bedeutet er?

3 Warum heißt der alte jüdische Friedhof «Heiliger Sand»?

4 Woran lässt sich die besondere Verehrung von Verstorbenen auf dem jüdischen Friedhof ablesen?

Wenn Du die Anlage Richtung Innenstadt gehst, kommst Du am **HEYLSHOF** vorbei. Der Bischofspalast war während der französischen Besatzung in Flammen aufgegangen. 1805 kaufte die Familie Heyl das Gelände. 1834 gründete Cornelius Heyl eine Lederfabrik, das erste große Industrieunternehmen in Worms. Die **HEYL'SCHEN LEDERWERKE** waren sehr erfolgreich. Sie verkauften ihre Produkte auch ins Ausland und schufen viele Arbeitsplätze. Zusammen mit anderen neu gegründeten Unternehmen der **LEDERINDUSTRIE** wie Doerr & Reinhart trugen sie wesentlich dazu bei, dass es den Handwerkern, Arbeitern und Kaufleuten in Worms wieder besser ging.

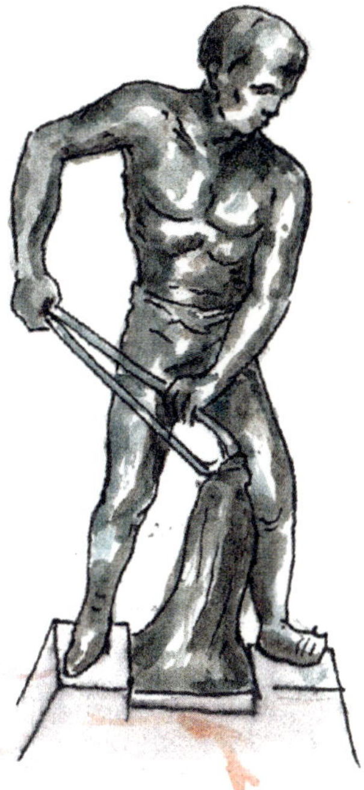

Der Lederarbeiter Karl Stein stand Modell für das Lederarbeiterdenkmal. Du siehst, wie der Lederarbeiter mit einer Spezialzange ein schweres Fell aus dem Wasser zieht. Das Denkmal soll daran erinnern, dass die Arbeit in der Lederindustrie für die Menschen sehr schwer war. 8000 Arbeiter gab es Ende des 19. Jahrhunderts in der Wormser Lederindustrie.

Die Familie Heyl war aber nicht nur wirtschaftlich erfolgreich. Sie schenkte Worms sogar das Cornelianum, einen schönen Anbau an das Rathaus mit Festsälen. Für die Arbeiter gründete sie mit mehreren anderen Firmen die Wohnsiedlung «Kiautschau». Die Arbeiter hatten nämlich oft sehr ärmliche, trostlose Behausungen. Cornelius Wilhelm von Heyl, der vom Großherzog für seine Verdienste geadelt wurde, und seine Frau Sophie stifteten ihr ehemaliges Wohnhaus, den Heylshof

mit seinen Sammlungen an Gemälden, Plastiken und Möbeln als Museum.

Der Heylshof wurde 1888 im neubarocken Stil erbaut. Im Museum selbst gibt es wertvolle Bilder und Figuren. Speziell für Kinder gibt es eine spannende Erlebnis-Rallye zu Darstellungen von Einhörnern, für die sich der Museumsbesuch auf jeden Fall lohnt.

Selbst wenn Du nicht in das Museum gehst, schau Dir die schöne geschnitzte Eingangstür an.

Was ist auf den beiden Türflügeln dargestellt?

Im Park hinter dem Heylshof siehst Du einige hübsche Gartenfiguren, eine Bodenplatte und zwei **ÜBERGROSSE SCHUHE** an der Stelle, an der Luther 1521 vor dem Kaiser stand.

In die Schuhe kannst Du hineinschlüpfen und Dich ein bisschen so mutig fühlen wie der Reformator. Außerdem steht im Park eine Bronzefigur des Wormser **DICHTERS JOHANN NIKOLAUS GÖTZ**, wie er (fast) von seiner Muse geküsst wird.

Eine Muse ist eine Person, die einen anderen Menschen zu kreativen Leistungen anregt, wie Singen, Malen, Dichten.

WER WEIß ES NOCH?

1 Wer stiftete den Heylshof?

2 Wodurch waren die Stifter reich geworden?

3 An welches große Ereignis sollen die großen Schuhe im Park erinnern?

TOUR 2: VOM LUTHERDENKMAL BIS ZUR PAULUSKIRCHE

Lutherdenkmal → Ludwigsplatz → Martinskirche → Judengasse → Synagoge → Raschihaus → Friedrichskirche → Pauluskirche

MARTIN LUTHER war der Begründer der evangelischen (oder protestantischen) Kirche. In Worms war er nur zehn Tage. Wie kommt es dann, dass das weltweit größte Lutherdenkmal hier in Worms steht?

Luther war ursprünglich ein katholischer Augustinermönch und ab 1512 Theologieprofessor in Wittenberg. Wie viele fromme Menschen in dieser Zeit war er mit der katholischen Kirche unzufrieden. Dem Papst und den hohen Geistlichen warf er vor, dass sie hauptsächlich Macht und Geld wollten und im Luxus lebten. Besonders den **ABLASSHANDEL** kritisierte er.

Früher glaubten die Menschen, dass sie für ihre Sünden nach ihrem Tod von Gott bestraft würden. Ablasshandel im Mittelalter bedeutete, dass man sich oder verstorbene Verwandte mit Geldzahlungen an die Kirche ganz oder teilweise von der Strafe freikaufen konnte. Mit Ablassbriefen, die die Kirche verkaufte, finanzierte sie den Bau von Gotteshäusern, z. B. den Petersdom in Rom.

Luther wollte eigentlich nur die Kirche reformieren. Deshalb spricht man auch von **REFORMATION**. In **«95 THESEN»** veröffentlichte er seine Kritik. Weil er behauptete, dass sich auch ein Papst irren könnte, wurde er von Papst Leo X. aus der Kirche ausgeschlossen. 1521 sollte er dann auf dem Reichstag in Worms seine Schriften widerrufen.

Am 17. und 18. April stand Luther vor Kaiser Karl V. . Der forderte ihn auf, seine Kritik zurückzunehmen. Luther blieb jedoch standhaft. Er **WIDERRIEF** seine Thesen **NICHT**. Was in der Bibel stand und was ihm sein Gewissen sagte, war ihm wichtiger als die Kirchenlehre. Luthers Verhalten war mutig und lebensgefährlich. Viele Kritiker der Kirche vor ihm waren nämlich als «Ketzer» bezeichnet und verbrannt worden. Zum Glück hatte Luther mächtige Beschützer, die ihn davor bewahrten. Einer von ihnen war der sächsische Kurfürst Friedrich der Weise. Er hatte sich vom Kaiser «freies Geleit» für Luther zusichern lassen. Dadurch konnte Luther wieder aus Worms abreisen, bevor der Kaiser am 8. Mai die **REICHSACHT** über Luther verhängte.

Luther war auch gegen das Zölibat, also das Gesetz, dass Priester nicht heiraten dürfen. Er selbst heiratete später. In der evangelischen Kirche können auch Frauen Pfarrerinnen werden, in der katholischen Kirche bis heute nicht.

Nach Verkündigung der Acht wurde der Beschuldigte vogelfrei. Das heißt, er verlor alle seine Rechte und jedermann konnte ihn töten.

Luthers mutiges Auftreten vor dem Reichstag veränderte die Geschichte Europas für Jahrhunderte. Die Kirche spaltete sich in Katholiken und Protestanten. In der Folge kam es auch zu zahlreichen Religionskriegen wie dem fürchterlichen **DREIẞIGJÄHRIGEN KRIEG**.

Schau Dir jetzt das Lutherdenkmal an, das 1868 eingeweiht wurde. Die Figuren sitzen wie auf den Zinnen einer Burg. Das kommt von Luthers Lied «Eine feste Burg ist unser Gott…». Der Reformator zeigt auf die Bibel als die Grundlage seines Glaubens. Luther hat die Bibel aus dem Lateinischen und Griechischen in ein gut verständliches Deutsch übersetzt. Er wollte, dass nicht nur die Gelehrten, sondern jeder die Bibel lesen konnte. Deshalb forderte er auch Schulen für alle Kinder.

Unterhalb von Luther sitzen vier Statuen von Personen, die schon vor ihm die Kirche kritisiert hatten und Vorläufer der Reformation waren: Girolamo Savonarola, Jan Hus, Petrus Waldus und John Wyclif. Luthers Unterstützer wie der Kurfürst Friedrich der Weise und Landgraf Philipp von Hessen stehen auf den vorderen Sockeln, hinten Philipp Melanchthon und Johannes Reuchlin. Die drei Frauengestalten stehen für die protestantischen Städte Augsburg, Magdeburg und Speyer. Nach der «protestierenden Speyer» heißen evangelische Christen auch «Protestanten».

WER WEIß ES NOCH?

1 Vor welchem Kaiser stand Luther auf dem Reichstag 1521?

2 Was kritisierte Luther an der katholischen Kirche?

3 Wie verhielt sich Luther auf dem Reichstag?

4 Welche Folgen hatte sein Verhalten?

LUDWIGSPLATZ UND MARTINSKIRCHE

Der Ludwigsplatz war ursprünglich ein Paradeplatz, wo Soldaten zu feierlichen Anlässen aufmarschierten. Im deutsch-französischen Krieg 1870/1871 hatte der Großherzog Ludwig von Hessen die Truppen kommandiert, zu denen auch die Wormser Soldaten gehörten. 1895 errichteten die Wormser Bürger einen 24 Meter hohen **OBELISKEN** mit einer bronzenen Plakette seines Porträts.

Ein Obelisk ist ein freistehender, rechteckiger, spitz zulaufender Pfeiler. Obelisken gibt es zum ersten Mal in Ägypten. Sie sollten eine Verbindung zwischen der Welt und den Göttern darstellen.

Die romanische **MARTINSKIRCHE** am Ludwigsplatz war ursprünglich Teil des Martinsstiftes.

Martin war ein römischer Offizier und sollte bei Worms gegen die heranrückenden Germanen, die Alemannen, kämpfen. Martin erklärte, er sei von nun an Soldat Christi und nicht mehr Soldat des römischen Kaisers. Er verweigerte die Teilnahme an der Schlacht. Im Jahr 355 wurde er an der Stelle der heutigen

Zu einem Stift gehören meist ein Kloster mit Kirche und weiteren Gebäuden. Dort lebten Männer oder Frauern und es war meist von reichen Adligen gestiftet.

Martinskirche ins Gefängnis geworfen. Als er wieder frei war, wurde er Bischof. **ST. MARTIN** ist einer der bekanntesten Heiligen der katholischen Kirche. Später gründete er das erste Kloster des Abendlandes mit Mönchen.

Um in die Kirche zu gelangen, musst Du an ihrer Seite entlang gehen, bis Du zu zwei Eisentoren kommst. Da hindurch kommst Du zu einem hübschen Garten mit Brunnen. Dort ist auch das Portal, durch das Du die Kirche betreten kannst. Über dem Portal ist ein Mosaik mit dem heiligen Martin, der Zaubergans und dem jüdischen Priester.

Innen siehst Du an einem Pfeiler links eine kleine farbige Holzfigur. Der Heilige Martin auf dem Pferd teilt als römischer Offizier seinen Mantel mit dem Schwert. Am Boden kniet der frierende alte Bettler, dem er die Hälfte seines Mantels abgibt. Du kennst St. Martin vielleicht von den Laternenumzügen im November.

In der Kirche findest Du hinten links den **ERZENGEL MICHAEL**, wie er mit erhobenem Schwert den Teufel besiegt. Ganz oben auf der Kanzel sitzt ein großer goldene Vogel, ein **PELIKAN**, der ein Symbol für Christus ist.

Der christliche Glaube war im Mittelalter sehr wichtig. Deshalb schickten manche Eltern ihre Knaben schon mit zehn Jahren ins Kloster, die Mädchen in Konvente. Hier lernten sie lesen und schreiben auf Lateinisch. Häufig auch das Abschreiben von religiösen Handschriften.

Bei Beobachtungen hatte man nämlich den Eindruck, dass der Pelikan seine Jungen mit seinem eigenen Blut füttert. Und auch Christus habe sein Leben für die Menschen hingegeben. Tatsächlich füttern die Pelikane ihre Jungen aber mit heruntergeschlungenen Fischen, die sie herauswürgen.

WARMAISA, JUDENGASSE, SYNAGOGE UND RASCHIHAUS

Worms gehört neben Mainz und Speyer zu den Städten mit den ältesten jüdischen Gemeinden in Deutschland. **WARMAISA**, die Wormser jüdische Gemeinde, war wegen ihrer angesehenen Rabbiner, Gelehrten und auch Kantorinnen sehr berühmt. Für viele Juden war die Wormser Gemeinde ein Ideal, sodass sie auch «Klein Jerusalem am Rhein» genannt wurde.

Unter einem Getto versteht man ein abgeschlossenes Wohnviertel, in dem die jüdische Bevölkerung abgetrennt von der übrigen Bevölkerung leben musste.

Die Judengasse, in die Du von der **MARTINSPFORTE** aus kommst, war die Hauptstraße des Judenviertels. Jüdische Familien wohnten hier seit dem 10. Jahrhundert. Von 1349 bis 1801 war das Judenviertel ein **GETTO**. Auch wenn Juden und Christen überwiegend friedlich zusammenlebten, kam es mehrfach zu Gewalttaten und Zerstörungen. Juden wurden nicht nur Opfer von Gewalt. Meist wurden sie auch ausgeraubt. So 1096, als **KREUZRITTER** auf ihrem Zug nach Palästina über die jüdischen Gemeinden herfielen. Oder 1349 nach dem Ausbruch der Pest, als man die Juden für die Krankheit verant-

wortlich machte. Was natürlich völliger Blödsinn war. 1615 wurde die jüdische Gemeinde fast ein Jahr lang ganz aus Worms vertrieben.

Wenn Du heute durch die **JUDENGASSE** gehst, wirken die Häuser relativ neu. Sie wurden nämlich in den 70er-Jahren renoviert, wobei zumindest ihre äußere Form beibehalten wurde.

Die Synagoge in Worms, die 1034 errichtet wurde, war die **ERSTE STEINSYNAGOGE DEUTSCHLANDS**. Nachdem sie während der Kreuzzüge des 11./12. Jahrhunderts verwüstet worden war, wurde 1174/1175 ein Neubau in romanischem Stil errichtet. 1938 wurde sie von den Nazis angezündet und gesprengt. Nach dem Ende des Zweiten Weltkrieges wurde sie in ihrer alten Form wiederaufgebaut. 1100 Juden lebten vor 1933 in Worms, nach ihrer Verfolgung und Ermordung in der NS-Zeit gab es 1945 nur noch zwei jüdische Menschen.

Aufgrund ihrer Bedeutung hat das Welterbekomitee die SchUM-Stätten in Speyer, Worms und Mainz zum UNESCO-Welterbe ernannt. SchUM ist aus den Anfangsbuchstaben der mittelalterlichen hebräischen Städtenamen gebildet:

ש Schin für (Sch)pira = Speyer

ו Waw (U) für Warmaisa = Worms

ם Mem (M) für Magenza = Mainz

Wenn Du durch das Tor in den Hof der Synagoge gehst, siehst Du auf einem Sockel die Skulptur des berühmten Gelehrten **«RASCHI»**, eine Abkürzung für Rabbi Schlomo ben Jizchak (1040–1105). Allerdings hat er in Worms nicht gelehrt, sondern studierte hier nur wenige Jahre bei anderen angesehenen Gelehrten. Er ist so berühmt, dass seine Bibelauslegungen noch heute studiert werden.

Die Synagoge ist ein zweischiffiger Bau und wurde wohl von den gleichen Handwerkern wie der Wormser Dom erbaut. Im Hauptraum siehst Du links und rechts des Lesepults, der Bima, zwei Säulen. Sie erinnern an die Säulen des zerstörten Tempels in Jerusalem. Diese Besonderheit wurde später in anderen Synagogen nachgeahmt. An der Ostwand befindet sich immer der heilige Schrein oder die Lade, in der die **TORA** aufbewahrt wird.

Die Tora umfasst die fünf Bücher Mose, die abschnittweise in der Synagoge gelesen werden. Der Text wird auf einer Pergamentrolle von einem dafür ausgebildeten Schreiber, dem Schofer, von Hand geschrieben.

Der achtarmige Leuchter, der **CHANUKKA-LEUCHTER**, wird immer vor dem Chanukkafest angezündet, das ungefähr zur Zeit unseres Weihnachtsfestes stattfindet. In der 1212/1213 angebauten **FRAUENSYNAGOGE**, der «Frauenschul», gibt es Tafeln mit den Namen von 400 Opfern des Naziregimes.

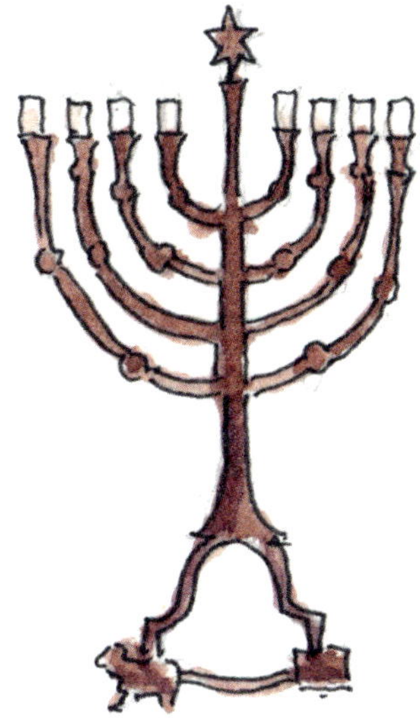

Im Gebäude hinter der Synagoge steht das **LEHRHAUS** (Jeschiwa) mit einem steinernen Lehnstuhl. Er wird Raschi-Stuhl genannt, stammt aber aus der Zeit nach ihm.

Ein paar Schritte weiter geht es zum jüdischen Ritualbad, der **MIKWE**, die sieben Meter unter der Erde liegt.

Durch den Synagogengarten kommst Du zum **RASCHIHAUS**, in dem das **STADTARCHIV** von Worms und das **JÜDISCHE MUSEUM** untergebracht sind. Im jüdischen Museum kannst Du Dir eine interessante Ausstellung über die mittelalterlichen SchUM-Gemeinden ansehen. Du kannst viel erfahren über jüdische Gebräuche, Kultgegenstände, die an Gottesdiensten und Festen verwendet werden, den Brand der Synagoge und den Wiederaufbau, die jüdische Geschichte und kannst auf ein Buch treffen, den berühmten Wormser Machsor, der selbst über sich erzählt.

Das Stadtarchiv bewahrt eine Vielzahl von Dokumenten, Unterlagen und Fotografien aus der Geschichte von Worms vom Mittelalter bis heute auf. Die älteste Urkunde ist aus dem Jahr 1074.

STOLPERSTEINE

Vor dem Synagogenplatz Richtung Judengasse siehst Du vielleicht auf dem Boden golden glänzende Messingplatten, sogenannte **STOLPERSTEINE**. Sie wurden vor Häusern verlegt, in denen jüdische Mitbürger wohnten, die während des Dritten Reiches Opfer der Nazis wurden. Du findest auf den Steinen die Namen, das Geburtsjahr der Opfer, und was mit ihnen während der Nazizeit geschehen ist: «vertrieben, verschleppt, ermordet». Über 250 Stolpersteine gibt es inzwischen in Worms. Die Kunstaktion von Gunter Demnig, die es mittlerweile auch in anderen Städten und Ländern gibt, soll uns daran erinnern, wie schrecklich es ist, wenn Menschen wegen ihrer Religion, ihrer Rasse oder wegen anderer Merkmale oder Einstellungen verfolgt werden.

Inschriften von Stolpersteinen

WER WEIß ES NOCH?

1 Was ist ein Obelisk?

2 Wer war der heilige Martin?

3 Wie heißt die jüdische Gemeinde von Worms?

4 Welcher jüdische Gelehrte ist in Worms besonders berühmt?

5 Was versteht man unter einem Pogrom?

6 Welches sind die SchUM-Städte? Welchen besonderen Titel hat die UNESCO den SchUM-Städten verliehen?

FRIEDRICHSKIRCHE

In der Römerstraße kommst Du an der schlichten, barocken Friedrichskirche vorbei. Statt eines richtigen Turmes ist ein Dachreiter mit Glocken auf dem Dach. Wie gefällt Dir das? Die Friedrichskirche war die Kirche der Reformierten.

Das Geld für die 1744 eingeweihte Kirche stammte hauptsächlich aus Kollekten. **FRIEDRICH DER GROSSE**, der Preußenkönig, hatte die Geldsammlungen in preußischen Kirchen persönlich genehmigt. Zum Dank dafür nannte man die Kirche Friedrichskirche. Neben der Friedrichskirche steht das schöne **ROTE HAUS** mit zwei **ZWERCHHÄUSERN** auf dem Dach.

Friedrich der Große

Wie Du schon am Lutherdenkmal erfahren hast, hatten sich die Christen in der Reformation in Katholiken und Protestanten gespalten. Bei den Protestanten gab es unterschiedliche Richtungen: Die Lutheraner, die Anhänger Luthers, und die Reformierten, die Anhänger der Schweizer **ZWINGLI** und **CALVIN**. In Worms hatten die Lutheraner die Mehrheit im Stadtrat. Sie verweigerten den reformierten Mitbürgern die Zunft- und Bürgerrechte. Auch Katholiken und Juden durften keine Ratsmitglieder werden. Erst nach der Stadtzerstörung erlaubte man 1699 den Reformierten, sich in der Stadt niederzulassen und ihre Religion auszuüben. Da es tüchtige Leute waren, war das auch für die Stadt gut.

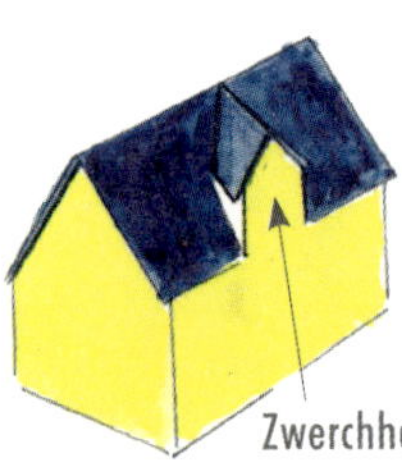

PAULUSKIRCHE

Schau Dir mal die beiden Kirchtürme der Pauluskirche an! Sehen sie nicht ungewöhnlich aus? Woran erinnern sie Dich? Vielleicht an das Minarett einer Moschee? Die Kreuzfahrer haben wohl ähnliche Türme in **PALÄSTINA** gesehen. Der Bauherr hat dann diese Anregungen umgesetzt. In der Kirche gibt es noch andere Hinweise auf **KREUZFAHRER**. Zum Beispiel die Darstellung eines Kreuzfahrerschiffes.

Papst Urban II. forderte alle Ritter Westeuropas auf, Jerusalem von den Muslimen zu befreien. Tausende folgten seinem Aufruf. Teils aus religiöser Überzeugung, viele aber auch nur wegen der Aussicht auf Beute. Es gab insgesamt sieben Kreuzzüge mit sehr vielen Toten. Sogar einen Kinderkreuzug gab es 1212. Aber auch der erreichte Jerusalem nicht. Viele Teilnehmer wurden gefangen genommen und als Sklaven verkauft.

Bischof Burchard ließ die Burg der Salier niederreißen und aus ihren Steinen die Pauluskirche erbauen. Die zwei Türme und der Ostchor sind noch im romanischen Stil. Der Mittelteil wurde nach der Zerstörung 1689 als barocke Hallenkirche wiederaufgebaut.

Kreuzritter

Die **BRONZETÜR** in dem Rundbogenportal ist eine kleinere Kopie der Hildesheimer Domtür mit biblischen Szenen. In der Kirche siehst Du **STUCKFIGUREN** an der Decke. Im Barock war das besonders beliebt. Vielleicht kannst Du Dich an den Barockaltar im Dom erinnern? Auf dem Bogen zum Altarraum halten herumfliegende Engel einen Vorhang so auseinander, dass das Bild Gott-Vaters im Strahlenkranz erscheint. Die rechte Hand hat Gott zum Segen erhoben, in der linken trägt er die Weltkugel.

Stuck ist ein Gemisch aus Gips, Kalk, Sand und Wasser. Stuck wird genutzt, um Plastiken und Ornamente zu formen, weil es für schwungvolle und verspielte Dekorationen gut geeignet war. Auch Engel und Puttos formte man gerne aus Stuck.

Als nach der Französischen Revolution alle Stifte, also auch das Paulusstift aufgelöst wurden, wurde die Kirche **SCHEUNE, TABAK- UND HOLZLAGER.** Danach diente sie als Museum. Seit 1928 ist die Pauluskirche die **KLOSTERKIRCHE DER DOMINIKANER**, einem Mönchsorden.

WER WEIß ES NOCH?

1 Die Friedrichskirche ist nach Friedrich dem Großen benannt. In welchem Land war er König?

2 Woran erkennt man die Pauluskirche von Weitem?

3 Was war das Ziel der Kreuzzüge?

4 Woraus ist eine Stuckfigur gemacht?

TOUR 3: VOM NIBELUNGENMUSEUM ZUM RHEIN

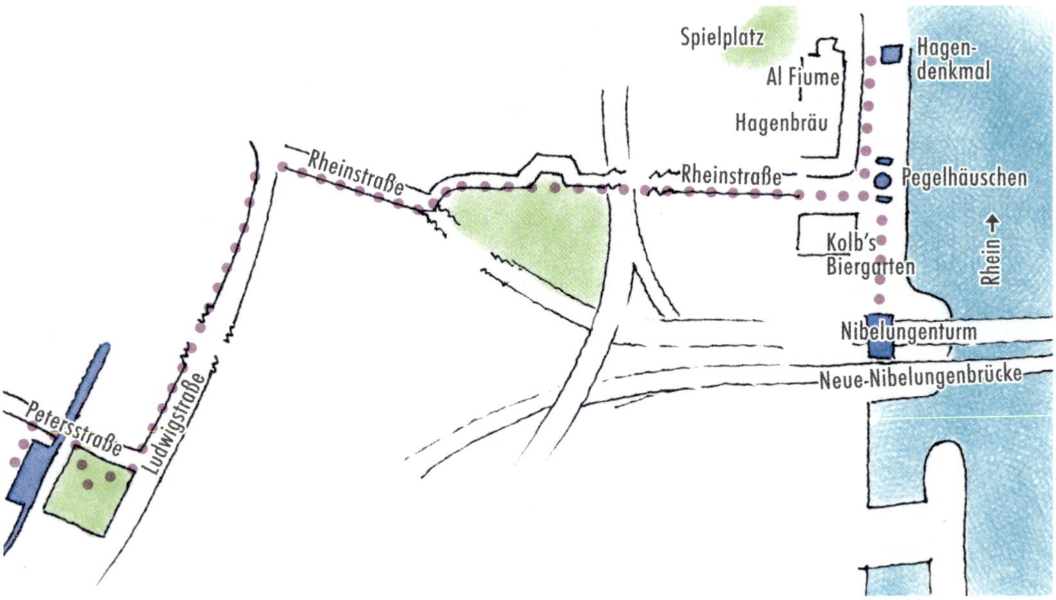

Nibelungenmuseum → Torturmplatz → Pegelhäuschen → Rheinbrücke → Hagendenkmal

NIBELUNGENMUSEUM

Das **NIBELUNGENMUSEUM** ist ein modernes Museum. Es wurde 2001 direkt an die Stadtmauer angebaut. Da zwei alte Türme, der Torturm und der Bürgerturm zum Museum gehören, kannst Du zwischen ihnen auf dem Wehrgang entlang gehen. Von hier aus hast Du einen guten Überblick über die Stadt und kannst Dir vorstellen, wie im Mittelalter die Wächter hier Wache hielten.

Im Museum erfährst Du viel über das **NIBELUNGENLIED** und andere Sagen. Das Museum hat einen Seh- und einen Hörturm. Extra für Kinder gibt es einen Audio-Rundgang zum Nibelungenlied. Der berühmte Komponist Richard Wagner hat das Nibelungenlied noch einmal für seine vier Opern «Der Ring des Nibelungen» umgedichtet. Und auch dazu kannst Du Dir hier ein leicht verständliches Hörspiel anhören. Außerdem gibt es hübsche Puppenmodelle und Requisiten für eine Opernaufführung von einem berühmten Bühnenbildner.

TORTURMPLATZ UND STADTMAUER

Wenn Du vor dem Nibelungenmuseum stehst, kommst Du links durch einen Mauerbogen auf den **TORTURMPLATZ**. In dieser Parkanlage hast Du einen besonders guten Blick auf die alte Stadtmauer.

Viele Städte hatten früher Stadtmauern. Die erste Stadtmauer haben wohl noch die Römer um 360 n. Chr. gebaut, weil Überfälle der Germanen von der rechten Rheinseite drohten. Später drangen immer wieder die Hunnen, Normannen oder Ungarn ins Reichsgebiet ein. Auch vor räuberischen Rittern oder feindlichen Truppen musste Worms sich schützen. Nachts waren die Tore der Stadtmauer geschlossen, damit keine Fremden eindringen konnten. Und wenn einer der Bewohner zu spät kam? Dann musste er draußen bleiben, bis die Tore am Morgen wieder geöffnet wurden.

Zum inneren Mauerring kam später noch ein zweiter Ring hinzu. Die **INNERE STADTMAUER** hatte 27 Türme und acht Tore sowie einen hölzernen Wehrgang. Vor der Mauer gab es einen Graben, der Wasser führte. Die äußere Stadtmauer hatte noch einmal 33 Türme und neun Tore. Das war eine aufwändige und eindrucksvolle Befestigung. Da in der Judengasse die Häuser direkt an die Stadtmauer angebaut waren, kam es zu der komischen Situation, dass der Wehrgang direkt durch das Gebäude ging. So standen die Wachen bei ihrem Gang manchmal unerwartet im Wohnzimmer der Bewohner. Wie fändest Du das, wenn urplötzlich durch Eure Wohnung fremde Leute laufen?

Insgesamt beschützte die Stadtmauer die Wormser lange Zeit gut. So hielt die Befestigung auch 1518 der Belagerung durch den berühmten Ritter **FRANZ VON SICKINGEN** stand. Mit immerhin 1100 Reitern und 6000 Landsknechten hatte er versucht die Stadt einzunehmen.

1688 öffnete die Stadt den französischen Truppen die Tore. Diese zerstörten entgegen der getroffenen Vereinbarung große Teile der Stadtmauer und legten die Stadt in Schutt und Asche. Danach dienten Teile der nutzlos gewordenen Stadtmauer als Steinbruch zum Beispiel für den Bau der Dreifaltigkeitskirche. Im 19. Jahrhundert wurden Teile des Stadtgrabens zu Parkanlagen.

Auf dem Torturmplatz findest Du auch **«SIEGFRIEDS GRAB»**. Es ist der Nachbau eines Hügelgrabes und 13 Meter lang. Schon Kaiser Maximilian vermutete die Gebeine Siegfrieds in diesem Grab. Gefunden wurde der darin aber nicht.

WER WEIẞ ES NOCH?

1 Wer baute die Stadtmauer im Mittelalter?

2 Wozu diente die Stadtmauer im Mittelalter?

RHEINPROMENADE

Wenn Du Worms besuchst, musst Du natürlich an den Rhein gehen. Schon ganz früh hing die Bedeutung von Worms stark mit dem Rhein zusammen. Auf Schiffen konnte man schon unter den Römern und im Mittelalter viel größere Lasten transportieren als mit Pferdefuhrwerken. Die konnten wegen der schlechten Wege am Tag höchstens eine Strecke von 25 Kilometern zurücklegen. Und auch die Pferde waren irgendwann müde. Große Flüsse wie der Rhein werden deshalb häufig als **«AUTOBAHNEN DES MITTELALTERS»** bezeichnet.

Der Rhein war früher viel breiter und schlängelte sich mit vielen Seitenarmen durch das Land. Er war auch flacher und die Strömung war nicht so stark. Ab 1830 begradigte man ihn, damit er auch von größeren Schiffen befahren werden konnten.

Das Rheinufer war bei Worms fast immer hochwasserfrei. Die Schiffe konnten hier gut anlegen. Schon früh gab es **FÄHREN**. Auch die Kreuzfahrer, die 1147 aus Frankreich kamen, setzten an dieser Stelle mit Schiffen über den Fluss. Der Fährbetrieb war im Mittelalter ein Vorrecht, ein «Privileg», das der Bischof oder bestimmte Adelsfamilien besaßen. Wer die Fähre nutzte, musste nämlich dafür bezahlen. Die Fährleute hießen **FÄRGER**. Über einen langen Zeitraum gab es 15 Färger in Worms.

Am Ende der Rheinstraße, kurz vor dem Rheinufer, triffst Du auf drei Häuschen. Das mittlere, ein turmartiger Rundbau, ist das Wormser **PEGELHAUS**. Hier wird der Wasserstand des Rheines gemessen. Auf der Rheinseite zeigt eine Digitalanzeige den Schiffen den Pegelstand. Auf der Landseite kannst Du ihn auf der Pegeluhr ablesen. Das Häuschen links vom Pegelhaus ist das Gelderhaus. Als es 1855 erstmals eine **SCHIFFSBRÜCKE** gab, musste man hier den Brückenzoll zahlen. Die Schiffsbrücke wurde damals mit 101 Kanonenschüssen und Glockengeläut eingeweiht.

Der Brückenturm ist eine Nachbildung eines Tores durch die alte Stadtmauer, der Mainzer Pforte.

Die Brücke war gut für die Wirtschaft von Worms, aber schlecht für die Fischer. *Kannst Du Dir denken, warum?*

Ab 1896 wurde eine Straßenbrücke gebaut, die 1900 eingeweiht wurde.

Diese Rheinbrücke wurde in den letzten Kriegstagen von den Nazis gesprengt, damit die «Feinde» den Fluss nicht überqueren konnten. 1953 wurde sie durch eine Spannbetonbrücke ersetzt und 2008 wegen des starken Autoverkehrs durch eine zweite Brücke ergänzt.

Wenn Du am Ufer stehst, schau Dir an, mit welchem Tempo die Rheinschiffe heute fahren: rheinabwärts mit ca. 20 km/h, rheinaufwärts mit 10 km/h.

Früher sind gute Schwimmer im Rhein noch geschwommen. Heute wäre das viel zu gefährlich, weil die schnellen Schiffe einen unglaublichen Sog entfalten und man ertrinken würde. Solche Unfälle kommen am Rhein leider immer wieder vor.

Hat Karl der Große im Rhein gebadet? Das ist durchaus möglich. Man weiß nämlich, dass er ein begeisterter Schwimmer war. Und da er fast zwei Meter groß war und die allerwenigsten Menschen damals schwimmen konnten, war es eine große Show, wenn der Kaiser badete. Viele Leute dachten, er hätte magische Kräfte. Und natürlich mochte es der Kaiser, wenn ihn

sein Volk bewunderte. Nachdem seine Kaiserpfalz in Worms abgebrannt war, hielt er sich überwiegend in Aachen auf. Vielleicht auch, weil es dort heiße Quellen gab, in denen er schwimmen konnte.

Gehe auf der Uferpromenade nach links, bis Du zum **HAGENDENKMAL** kommst. Auf dem Denkmal siehst Du den grimmige Hagen. Er steht auf einem Kahn und versenkt den **NIBELUNGENSCHATZ** in den Rhein. Der Schatz soll sagenhaft wertvoll sein. So haben schon einige Taucher im Rhein nach ihm gesucht, bisher aber erfolglos. Die berühmte Bronzeplastik, die innen hohl ist, wurde 1910 von dem Künstler Johann Hirt geschaffen.

WER WEIß ES NOCH?

1 Was ist auf dem Hagendenkmal dargestellt?

2 Was sind Färger?

3 Was wird am Pegelhäuschen gemessen?

4 Wie schnell kann ein Rheinschiff ungefähr fahren?

TOUR 4: VOM BAHNHOF ZUM KARLSPLATZ

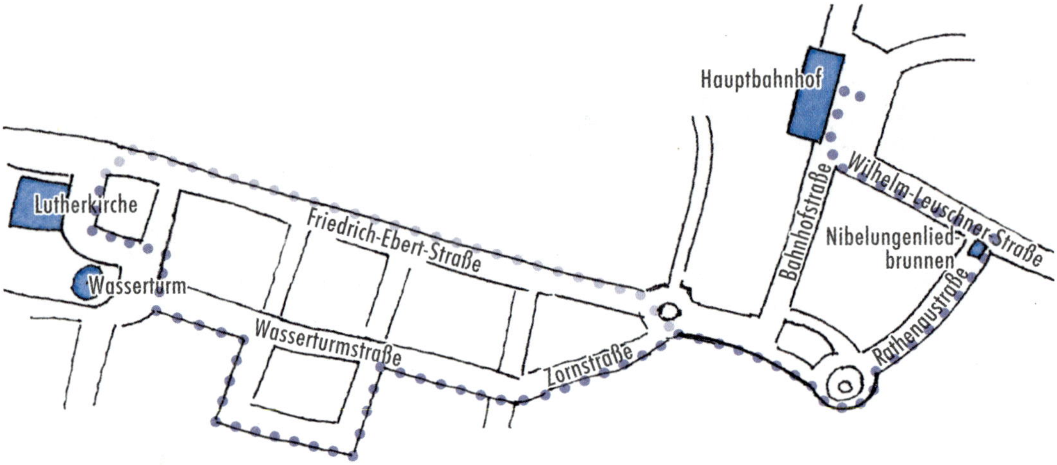

Hauptbahnhof → Nibelungenliedbrunnen →
Wasserturm → Lutherkirche

WORMSER HAUPTBAHNHOF

Auf den ersten Blick wirkt der Wormser Hauptbahnhof ein wenig grau. Das liegt an dem weiß-grauen Sandstein. Aber Du wirst sehen, es gibt einiges zu entdecken. Die **ERSTE EISENBAHN** fuhr in Worms **1853** nach Mainz und Ludwigshafen. Seitdem gab es dann auch einen Bahnhof. Weil sich gleichzeitig mit dem Bahnverkehr auch die Industrie in Worms entwickelte, führte das zu einem rasanten Anstieg der Passagierzahlen. Das heutige Bahnhofsgebäude wurde 1904 eingeweiht. Bei dem damals modernen Baustil, dem Jugendstil, schmückte man Gebäude mit vielen Steinmetzarbeiten.

Siehst Du das Steinrelief, das sich über dem großen Bogenfenster der Eingangshalle entlang zieht? Es zeigt die Entwicklung des **TRANSPORT- UND VERKEHRSWESENS**. Kannst Du den Ochsenpflug und den römischen Rennwagen erkennen? Sogar eine Kamelkarawane, eine Postkutsche und schließlich ein Zug sind dargestellt.

Welche Transportmittel kannst Du noch erkennen?

Vielleicht siehst Du auch oberhalb davon einen **SCHAFFNER**? Heute werden Fahrkarten gescannt, damals wurden sie noch mit einem Knipser gelocht. Ihm gegenüber siehst Du einen **BAHNHOFSVORSTEHER**, der mit der

Glocke das Signal zur Abfahrt eines Zuges gibt.

In der Eingangshalle, die 30 Meter hoch ist, findest Du noch einige **FIGURENKAPITELLE**, die lustige Figuren oder Tiere darstellen.

Welche Figuren findest Du in der Bahnhofsvorhalle?

Links von dem Hauptgebäude steht ein kleineres Gebäude, der **FÜRSTENPAVILLON**. Er wurde extra für vornehme Besucher errichtet. Tatsächlich waren der deutsche Kaiser, der russische Zar und der Hessische Großherzog hier zu Besuch. Auf dem Kapitell links vom Eingang siehst Du einen Mann mit Zwicker und Bart und einem Modell des Pavillons in der Hand. Das ist der **STADTBAUMEISTER HOFMANN**, der den Bahnhof und viele Gebäude in Worms gebaut hat.

Kannst Du an dem Bahnhof auch diesen Tierkopf finden?

NIBELUNGENLIEDBRUNNEN

In der Wilhelm-Leuschner-Straße, Ecke Rathenaustraße, steht der Nibelungenlied-brunnen. Leicht sind die Figuren aus Bronze nicht zu erkennen; Du musst schon genau hinschauen. Oben siehst Du Hagen und den mit einem Speer durchbohrten Siegfried, der sich vor Schmerz krümmt. Darunter streiten sich Kriemhild und Brünhild. Kriemhild zeigt Brünhild den Gürtel, den Siegfried ihr in der Hochzeitsnacht abgenommen hat. Ob sich Königinnen beim Streiten wirklich an den Haaren ziehen? Vielleicht hat sich der Bildhauer das nur ausgedacht?

Die Figuren scheinen aus den aufgeblätterten Seiten des Nibelungenliedes aufzusteigen.

Findest Du den Drachenkopf auf dem Denkmal?

WER WEIß ES NOCH?

1 Wann fuhr die erste Eisenbahn in Worms?

2 Neben dem Hauptbahnhof steht noch ein kleineres Gebäude für besondere Gäste. Wie heißt es?

3 An welche Figuren auf dem Nibelungenliedbrunnen kannst Du Dich erinnern?

KARLSPLATZ, WASSERTURM UND LUTHERKIRCHE

Durch die Entwicklung der Industrie im 19. Jahrhundert stieg die Einwohnerzahl in Worms stark an. Und die Menschen mussten mit Trinkwasser versorgt werden. Deshalb baute man 1890 an der höchsten Stelle der Stadt (108 m) einen **WASSERTURM**. Bis zu diesem Zeitpunkt musste Wasser aus öffentlichen Brunnen geschöpft werden. Und es war eine Plackerei, den schweren Wassereimer nach Hause zu tragen.

Das Grundwasser unter der Stadt war als Trinkwasser wenig geeignet. Deshalb entnahm man das Wasser 1,5 Meter unter dem Rhein. Dann pumpte man es gefiltert in den Wasserturm und von da aus in die Wasserleitungen der Stadt.

Der 58 Meter hohe Turm ist aus Beton und mit Sandstein verkleidet. Schau Dir das Dach mit seinen hübschen Türmchen an! An den Fenstern siehst Du, dass der Baumeister Hofmann sich die Fenster romanischer Kirchen in Worms zum Vorbild genommen hat. Deshalb nennt man den Baustil neuromanisch oder **«NIBELUNGENSTIL»**.

Heute nutzt man den Turm nicht mehr als Wasserturm. 1990 hat man stattdessen fünf Wohnungen auf neun Etagen eingebaut.

Da sich Worms durch den Aufschwung der Lederindustrie vergrößerte, baute man für das neue Stadtviertel im Westen eine Kirche: die **LUTHERKIRCHE**. Auch hier holte sich der Architekt Anregungen von einer alten Kirche in Worms. Schau Dir die eigentümliche Turmspitze an. Vielleicht erinnert sie Dich an die Turmkuppeln der Pauluskirche.

Satteldach

Fällt Dir etwas auf bei dem Dach der Kirche? Viele Gebäude haben nur zwei Dachflächen, diese hier hat vier. Es ist nämlich kein **SATTELDACH**, sondern ein **WALMDACH**.

Walmdach

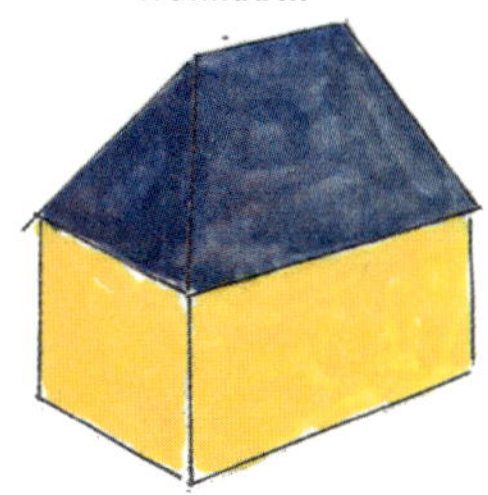

Die Jugendstilkirche ist auch innen sehenswert.

WER WEIß ES NOCH?

1 Welche Aufgabe hatte der große Turm am Karlsplatz?

2 Die Lutherkirche hat ein besonderes Dach. Wie heißt diese Dachform?

LIEBFRAUENKIRCHE

Am besten kommt man zur Liebfrauenkirche mit dem Fahrrad. Die Kirche liegt im Norden der Stadt mitten in den Weinbergen.

An dieser Stelle stand früher eine Marienkirche. Weil Ende des 13. Jahrhunderts die **MARIENVEREHRUNG** immer mehr zunahm, begann der Wormser Bischof mit dem Bau einer großen **WALLFAHRTSKIRCHE**, der **LIEBFRAUENKIRCHE**. Da das Geld für den Bau aber knapp war, dauerte es bis 1468, bis die Kirche

fertiggestellt war. Um die Kirche während der Bauzeit dennoch nutzen zu können, riss man immer nur so viel vom alten Bau ab, wie man in der nächsten Zeit neu bauen konnte. Die Liebfrauenkirche ist heute die einzige noch bestehende **GOTISCHE KIRCHE** in Worms.

Am Hauptportal siehst Du, ähnlich wie am Dom, Steinreliefs. Hier siehst Du **MARIA AUF IHREM STERBEBETT** und ihre Krönung im Himmel. Daneben stehen die **«KLUGEN UND DIE TÖRICHTEN JUNGFRAUEN»** mit ihren Öllampen; außerdem Christus und drei Engel. Im Innern der Kirche, die leider häufig geschlossen ist, gibt es ein Gnadenbild der Mutter Gottes, im Valentinsaltar eine Valentinusreliquie. Aus der Barockzeit ist die schöne Orgel und das Chorgestühl. Außerdem hat die Kirche sehr farbenfrohe neue Fenster.

Oftmals erhofften sich Gläubige von Gnadenbildern Heilung oder Wunder. Sie waren deshalb häufig Ziel von Wallfahrten.

WALLFAHRTEN

Wallfahrten gibt es in ganz unterschiedlichen Religionen. Viele Muslime pilgern z.B. nach Mekka. An Wallfahrtsorten werden Gottheiten, Heilige oder der Prophet verehrt. Durch die anstrengende Reise und die Fürbitte erhofften sich die Menschen Hilfe bei Krankheiten, anderen Sorgen oder für ihr Seelenheil nach dem Tod. **MARIENWALLFAHRTEN** nahmen im späten Mittelalter zu. Maria als Mutter galt als barmherzig und als Anwältin der Menschen. Die Liebfrauenkirche in Worms gehörte zu den wichtigsten europäischen Wallfahrtsorten in Mittelalter.

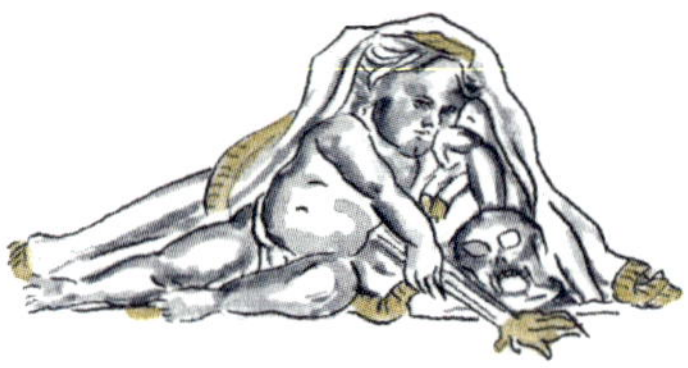

Die Frau von Kaiser Maximilian besuchte mehrfach die Liebfrauenkirche, auch zu Pferd oder mit dem Schlitten. Auf dem Reichstag von 1495 besuchte der Kaiser mit den Fürsten die Kirche.

Fast berühmter als die Kirche ist heute der **WEIN**, der aus den Weinbergen rings um die Liebfrauenkirche stammt. Er heißt **«LIEBFRAUENSTIFT KIRCHENSTÜCK»**. Weil er besonders lecker ist, wurde er in die ganze Welt exportiert. Selbst am britischen und schwedischen Königshaus wurde er getrunken.

Den Weinanbau haben die Römer schon vor zweitausend Jahren nach Worms gebracht. Heute ist Worms die drittgrößte weinanbauende Gemeinde in Deutschland.

WER WEIß ES NOCH?

1 In welchem Baustil ist die Liebfrauenkirche gebaut?

2 Was ist eine Wallfahrtskirche?

3 Wer hat den Weinbau nach Worms gebracht?

Hier kannst Du selbst Kirchenfenster malen:

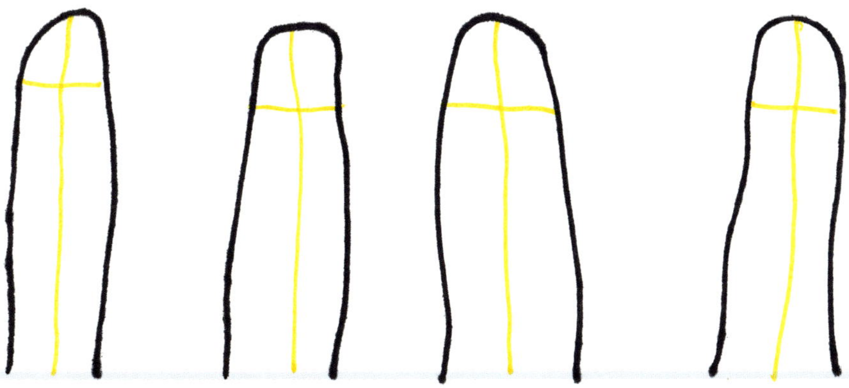

BACKFISCHFEST

Das Wormser Backfischfest beginnt am letzten Samstag im August und dauert neun Tage. Es ist das **GRÖẞTE VOLKSFEST AM RHEIN** mit einem Festzug, Festzelten, Riesenrad und vielen Attraktionen auf dem Festplatz. An seinem zweiten Sonntag findet im Floßhafen ein spannendes **FISCHERSTECHEN** statt. Dabei versuchen jeweils zwei Fischer auf großen Booten sich gegenseitig ins Wasser zu stoßen.

Das Fest hat auch mit der Geschichte zu tun. Die Wormser **FISCHERZUNFT** gilt als die älteste Zunft in Deutschland. Sie wurde im Jahr 1106 gegründet. Die Fischer hatten einen eigenen Zugang durch die Stadtmauer, das Fischerpförtchen. Sie durften nämlich noch nach Sonnenuntergang in die Stadt.

TIERGARTEN

Der Wormser Tiergarten liegt mitten im Naherholungsgebiet «Bürgerweide» und ist am besten mit dem Fahrrad erreichbar. Hier gibt es mehr als **600 TIERE** aus mehr als **80 TIERARTEN**. Es gibt einen Bauernhof mit dicken, bunten Bentheimer Schweinen und süßen Ferkeln und anderen seltenen Haustierrassen. Ein Südamerika-Revier mit Flamingos, Alpacas und Nasenbären. Im Exotenhaus siehst Du Echsen und Lemuren, Fische und Krokodile. Außerdem gibt es ein riesiges Wolfsgehege, viele Vogelarten und schließlich die putzigen Erdmännchen.

Für Kinder gibt es noch einen großen Spielplatz, eine Kindereisenbahn und ein Kinderkarussell.

Welches sind Deine Lieblingstiere im Zoo?

Extra für Geburtstage gibt es eine Kindergeburtstagsführung. Pause machen kann man im Café Blume.

ANTWORTEN/LÖSUNGEN

KURZE GESCHICHTE VON WORMS (Seite 23)

1 Es gab fruchtbares Land und war meist vor Hochwasser geschützt. Der Rhein war ein guter Verkehrsweg.
2 Karl der Große
3 Überfälle, z. B. durch Ungarn oder Normannen, Pest, Stadtbrände.
4 1689
5 ein Schlüssel und ein Stern auf rotem Grund

NIBELUNGENLIED (Seite 32)

1 Er musste erfolgreich statt König Gunther Brunhild im Wettbewerb besiegen.
2 vor dem Nordportal des Domes
3 Brunhild war gekränkt, weil Kriemhild ihr den Gürtel gezeigt hat, den Siegfried ihr in der Hochzeitsnacht abgenommen hatte.
4 Siegfried, Kriemhild, Brunhild, Gunther, Hagen

DOM ST. PETER (Seite 57)

1 romanisch, runde Fenster und Bögen, massive Mauern
2 Bischof Burchard
3 Noah, Frau Welt, Synagoge...
4 Verkündigung, Christi Geburt, Kreuzigung, Auferstehung, Wurzel Jesse
5 Reliquie nennt man den Überrest der Gebeine oder auch Kleider von Heiligen, die religiös verehrt werden.
6 Nikolaus, er hat sein Vermögen an die Armen verteilt.
7 Esel haben das Baumaterial auf einer Rampe nach oben getragen.
8 Pilger haben Gegenstände (oder Schwerter) am Stein gerieben, um etwas vom Segen mitzunehmen.
9 Fledermäuse, Mauersegler, Wanderfalken

TOUR 1 (Seite 72)

1 Münze
2 eine astronomische Uhr
3 Dreifaltigkeitskirche
4 Siegfried mit dem toten Drachen
5 Magnuskirche
6 Kaiser Friedrich I. hält seinen Sohn König Heinrich VII. im Turm gefangen.

JÜDISCHER FRIEDHOF (Seite 76)

1 Er ist der älteste jüdische Friedhof nördlich der Alpen.
2 Die UNESCO verleiht den Titel. Den Ehrentitel erhalten nur Kulturdenkmäler, die von unschätzbarem Wert für die Menschheit sind.
3 Es gab die Legende, dass die Erde des Friedhofs aus dem «Heiligen Land» stammte.
4 Auf diesen Gräbern liegen besonders viele Zettel und Steine.

MUSEUM HEYLSHOF (Seite 80)

1 Freiherr von Heyl
2 durch ihre Lederfabriken
3 wie Luther vor dem Reichstag stand

LUTHERDENKMAL (Seite 86)

1 Kaiser Karl V.
2 Luther kritisierte den Ablasshandel und die «Unfehlbarkeit» des Papstes.
3 Luther widerrief seine Thesen nicht.
4 Die Kirche spaltete sich in die katholische und die protestantische (evangelische) Kirche.

LUDWIGSPLATZ, SYNAGOGE (Seite 95)

1 rechteckiger, spitz zulaufender Pfeiler
2 ein römischer Offizier, der seinen Mantel mit einem Armen teilte, als Bischof begründete er das Mönchtum
3 Warmaisa
4 Raschi
5 Darunter versteht man gewalttätige Ausschreitungen gegen religiöse, nationale, ethische oder andere Minderheiten.
6 Speyer, Worms, Mainz; UNESCO Welterbe

FRIEDRICHSKIRCHE, PAULUSKIRCHE (Seite 99)

1 Friedrich der Große war König von Preußen
2 an ihren Kuppeltürmen
3 Ziel war die Eroberung der Stadt Jerusalem und die Verbreitung des christlichen Glaubens
4 Stuck besteht aus Gips, Kalk, Sand und Wasser.
5 Dominikaner

TORTURMPLATZ (Seite 104)

1 die Römer
2 zur Verteidigung gegen Überfälle oder feindliche Truppen

RHEINPROMENADE (Seite 109)

1 Hagen versenkt den Nibelungenschatz im Rhein.
2 Färger sind Flößer, die die Menschen über den Rhein bringen.
3 Hier wird der Wasserstand des Rheines gemessen.
4 flussaufwärts ca. 10 km/Stunde, flussabwärts ca. 20 km/Stunde

HAUPTBAHNHOF (Seite 115)

1 1853
2 Fürstenpavillon
3 Siegfried, Hagen, Kriemhild, Brunhild, den Drachen

KARLSPLATZ (Seite 118)
1 der Wasserturm sorgte für die Wasserversorgung der Stadt
2 die Lutherkirche hat ein Walmdach

LIEBFRAUENKIRCHE (Seite 121)
1 gotisch
2 eine Wallfahrtskirche ist das Ziel einer Pilgerreise. Religiöse Menschen legen einen anstrengenden Weg zurück, um ihre Sünden zu büßen, Heilung zu erlangen oder sich Gott zu nähern

VERZEICHNIS DER KÜNSTLERINNEN UND KÜNSTLER

61 Die astronomische Rathausuhr wurde 1958 vom Wormser Künstler Richard Stumm sen. (1900–1971) gestaltet.

64 Der Architekt der Dreifaltigkeitskirche war der kurpfälzische Capitain-Ingenieur Villiancourt (1725).

65 Der Dresdener Bildhauer Georg Wrba (1872–1939) schuf 1910 die Plastiken am Haus zur Münze.

65 Den Siegfriedbrunnen hat 1913 der Münchner Bildhauer Adolf von Hildebrand (1847–1921) geschaffen.

71 Das Brünnchen hat Richard Stumm sen. gestaltet.

84 Der Dresdener Bildhauer Ernst Rietschel (1804–1861) und seine Schüler schufen 1858 das Lutherdenkmal.

88 Das Mosaik des heiligen Martin ist von der Wormser Künstlerin Agathe Sander (1916–1998).

104 Die Erdplastik «Siegfrieds Grab» schuf der Wormser Künstler Eichfelder.

114 Der Nibelungenliedbrunnen ist vom Wormser Bildhauer Gustav Nonnenmacher (1914–2012).

117 Der Darmstädter Architekt Friedrich Pützer (1871–1922) baute 1912 die Lutherkirche.

119 Die Fenster der Liebfrauenkirche schuf der Mainzer Glasmaler Alois Plum (1966–1995).

TIPPS

TOURIST INFORMATION
Neumarkt 14 · 67547 Worms
Telefon 06241 853-7306
touristinfo@worms.de

Unter **WORMS-ERLEBEN.DE** findet ihr ganz viele Tipps für einen Worms-Besuch, auch kann man hier Stadtführungen für Kinder buchen.

Im App-Store findet ihr die **WORMS-ERLEBEN-APP** mit vielen Informationen und Bildern von Wormser Sehenswürdigkeiten.

Auf **WORMS.DE** findet ihr unter «Bildung bieten» Angebote der Stadt z. B. zur Kinder- und Jugendbücherei oder der Lucie-Kölsch-Musikschule der Stadt Worms, außerdem Informationen zu den Wormser Museen.

DOM ST. PETER

Unter worms-erleben.de kann man Dom-Führungen auch für Kinder buchen und den Dom virtuell erkunden.
Öffnungszeiten:
April – Oktober: 9 – 17.45 Uhr
November – März: 10 – 16.45 Uhr
Sa ab 16 Uhr und So bis 12.45 geschlossen

MUSEEN

MUSEUM DER STADT WORMS IM ANDREASSTIFT
Öffnungszeiten: Di – So 11 – 17 Uhr
Es gibt spannende Abenteuer für Kinder z. B. eine Schatzsuche.
museum-andreasstift.de

MUSEUM HEYLSHOF
Öffnungszeiten: 1. März – 31. Dez.
Di – Sa 14 – 17 Uhr
So u. Feiertag 11 – 17 Uhr
Kinder und Jugendliche unter 18 Jahre: freier Eintritt
z. B. Einhorn-Rallye für Kinder

JÜDISCHES MUSEUM IM RASCHIHAUS
Hintere Judengasse 6
Öffnungszeiten: April – 31. Okt
Mo – So: 10 – 17.45 Uhr
Nov. – 31. März: 9.30 – 16 Uhr
juedischesmuseum-worms.de
SchUM – Vom Mittelalter in die Moderne

Zum jüdischen Friedhof «Heiliger Sand», der Synagoge und der Mikwe könnt ihr Euch die App SCHUM-STÄDTE laden.

STADTARCHIV WORMS
Archivarinnen und Archivare bieten spannende Führungen zum Kennenlernen des Archivs an.
Öffnungszeiten: Di – Fr: 9 – 12 Uhr
Nachmittags nach Voranmeldung unter stadtarchiv@worms.de

NIBELUNGENMUSEUM WORMS
Fischerpförtchen 10, Telefon 06241 853-4120
Öffnungszeiten: Di – Fr 10 – 17 Uhr, Sa, So., Feiertag 10 – 18 Uhr
nibelungenmuseum.de

ANGEBOTE DER STADT

Kinder-und Jugendtreffs
Kinder-und Jugendbüro Worms
kijub-worms.de

unter worms.de kann man die
Spielplätze der Stadt Worms finden

unter worms.de/sjr/ findet ihr Aktivitäten des Stadtjugendrings Worms für Kinder und Jugendliche.

Veranstaltungen und Ferienkalender – Kinder- und Jugendbüro Worms unter kijub-worms.de

AUSFLÜGE

SCHLOSS HERRNSHEIM UND PARK

Das Schloss Herrnsheim und sein wunderschöner Park sind ein beliebtes Ausflugsziel für Familien
Herrnsheimer Hauptstraße 1
67550 Worms-Herrnsheim
worms-erleben.de

TIERGARTEN WORMS

Hammelsdamm 101 · 67547 Worms
Naherholungsgebiet Bürgerweide
Telefon 06241 853-7811
tiergarten-worms.de

SCHIFFSTOUREN AUF DEM RHEIN

ab/bis Worms mit der Weißen Flotte Heidelberg, Abfahrt am Hagendenkmal
weisseflottehd.de